我
们
一
起
解
决
问
题

调研报告写作精讲

方法、步骤及案例

余锦河 蔡 茂 马博翔◎编著

人民邮电出版社
北京

图书在版编目（CIP）数据

调研报告写作精讲：方法、步骤及案例 / 余锦河，蔡茂，马博翔编著. — 北京：人民邮电出版社，2023.11
ISBN 978-7-115-62621-9

Ⅰ. ①调… Ⅱ. ①余… ②蔡… ③马… Ⅲ. ①调查报告—写作 Ⅳ. ①H152.3

中国国家版本馆CIP数据核字(2023)第170757号

内 容 提 要

调查研究是谋事之基、成事之道，没有调查就没有发言权，没有调查就没有决策权；调查研究是获得真知灼见的源头活水，是做好工作的基本功。调研报告是反映调查研究成果的文本，写好调研报告至关重要。

本书依据中共中央办公厅印发的《关于在全党大兴调查研究的工作方案》，具体讲述了调查研究的基本理论和六种调研报告的写法。本书共八章，分别为认识调查研究、如何写好调研报告、事关全局的战略性调研报告、破解复杂难题的对策性调研报告、新时代新情况的前瞻性调研报告、重大工作项目的跟踪性调研报告、典型案例的解剖式调研报告和推动落实的督查式调研报告。本书立足于调研报告编写，精选具有代表性的调研报告，让读者体会到高质量调研报告的风格特点，提升调研报告的写作技能。

本书语言通俗、精练，适合从事调查研究和学习撰写调研报告的相关人员阅读。

◆ 编　　著　余锦河　蔡　茂　马博翔
　　责任编辑　贾淑艳
　　责任印制　彭志环
◆ 人民邮电出版社出版发行　　北京市丰台区成寿寺路 11 号
　　邮编 100164　　电子邮件 315@ptpress.com.cn
　　网址 https://www.ptpress.com.cn
　　北京虎彩文化传播有限公司印刷
◆ 开本：880×1230　1/32
　　印张：8.5　　　　　　　　　　　2023 年 11 月第 1 版
　　字数：300 千字　　　　　　　　2025 年 10 月北京第 6 次印刷

定　价：59.80 元
读者服务热线：（010）81055656　印装质量热线：（010）81055316
反盗版热线：（010）81055315

前　言

"中国特色社会主义进入了新时代，这是我国发展新的历史方位。"这是我党对我国发展所处历史方位做出的新的重大政治论断。

对于"新时代"的内涵，我党曾经讲了五点：第一点，从历史、现在、未来的联系看，这是承前启后、继往开来，在新的历史条件下继续夺取新时代中国特色社会主义伟大胜利的时代；第二点，从我们承担的历史使命看，这是决胜全面建成小康社会、全面建设社会主义现代化强国的时代；第三点，放到中国人民对美好生活的追求上看，这是全国各族人民团结奋斗、不断创造美好生活、逐步实现全体人民共同富裕的时代；第四点，放到民族复兴的角度看，这是全体中华儿女勠力同心、奋力实现中华民族伟大复兴中国梦的时代；第五点，放在世界大局中看，这是我国日益走向世界舞台中央、不断为人类做出更大贡献的时代。

我们进入了新时代，但是这个时代充满了挑战与不确定性。

于国家而言，我国发展面临新的战略机遇、新的战略任务、新的战略阶段、新的战略要求、新的战略环境，世界百年未有之大变局加速演进，不确定、难预料的因素增多，国内改革发展面临的不少深层次矛盾躲不开、绕不过，各种风险挑战、困难问题比以往更加严峻复杂。于个人而言，我们早已告别过去吃不饱饭、睡不安稳觉的日子，也经历了新冠肺炎疫情，见证了移动消费、数字经济快速发展，正在见证科技创新、人工智能、新能源、生命科学等新领域不断突破，但社会行业分工越来越精细，各种难以想象的新业态、新模式、新情况不断涌现，我们作为时代的参与者，不可避免地被时代的浪潮席卷。这个时代需要我们勇立潮头、逐浪扬帆。

认识客观世界的基本方法是调查研究。做好调查研究，才能感受到时代的脉搏，追寻时代的足迹，引领时代的发展。2023年3月，党中央决定，在全党大兴调查研究，中共中央办公厅印发了《关于在全党大兴调查研究的工作方案》。这个方案恰逢其时。重视调查研究一直都是我党的优良传统，也是各级领导干部必备的能力，更是我党每一个时期重要的传家宝。调研报告作为具体反映调研成果的文本，其质量直接决定了调研成效。在这个背景下，2023年5月初，我们启动了本书的编写工作。

这是一本关于调研报告的书。本书并没有深入讲解如何开展调查研究，没有很深刻、很专业的理论论述，而是立足于调研报告的编写，期望向读者讲透如何起草调研报告的全过程。本书不仅讲到通用调研报告的分类、结构、技巧等，更重要的是围绕《关于在全党大兴调查研究的工作方案》所强调的"事关全局的战略性调研、破解复杂难题的对策性调研、新时代新情况的前瞻性调研、重大项目的跟踪性调研、典型案例的解剖式调研、推动落实的督查式调研"，分别讲解这六种类型的调研报告怎么写。

这是一本很实用的参考书。本书的语言通俗、接地气，我们深知读者厌烦看到千篇一律的套话，深知读者"难以下笔"的焦虑，深知"模仿"是最快的学习方法之一。因此，本书本着"实用、有效、精练、通俗"的理念，除了第一章讲调查研究的相关理论，第二章到第八章都在讲调研报告的写法，几乎没有"之乎者也"，大多使用大白话，大量列举写作案例，并从网络、媒体、专业杂志等渠道搜集了很多调研报告范文，从中精选出了具有代表性的调研报告进行解读，让读者能直接体会到高质量调研报告的风格特点。

这是一本适合初学者的指导书。我们从 0 到 1 独立起草过多篇经验启示类、问题解剖类等调研报告，也应用过大数据等手段编写调研报告。我们经历过从 0 到 1 独立编制调研报告的全过程，更能懂得如何面向初学者进行讲解。因此，本书以"可读性强"、让初学者有"获得感"为目标，不断删减冗余、枯燥的说辞，尽可能提供较多的"写作方法"与"调研思考"，让初学者也能写出高质量的调研报告。

本书在撰写的过程中参阅了大量资料，也学习借鉴了"大

牛"陈方柱、余爱民的著作，他们对调研的理论研究功力之深着实让我们佩服。

本书的出版得到了人民邮电出版社的极大支持，没有人民邮电出版社的鼓励，就不会激发我们写书的动力，在此表示由衷的感谢。由于水平有限，书中难免存在不妥之处，敬请读者指正。

历史的画卷，在砥砺前行中铺展；时代的华章，在接续奋斗里书写。你我皆是立于时代潮头的"后浪"，衷心感谢各位读者，期望本书成为各位读者编写调研报告的实用向导，也衷心祝愿各位读者在新时代编写出更多高质量的调研报告，为国家与社会的发展建言献策，为中国式现代化助力！

目 录

第四章　破解复杂难题的对策性调研报告

第五章　新时代新情况的前瞻性调研报告

第六章　重大工作项目的跟踪性调研报告

第七章　典型案例的解剖式调研报告

第八章　推动落实的督查式调研报告

第一章

认识调查研究

第一节 新时代调查研究工作的
重要意义与最新要求

习近平总书记曾在中共中央党校（国家行政学院）中青年干部培训班开班式上强调，调查研究是做好工作的基本功，干部特别是年轻干部要提高调查研究能力，要学会在调查研究中提高工作本领，"谋事之基，决策之基，成事之基，都在调研"。

一、习近平总书记对调查研究的重要论断

党的十八大以来，习近平总书记已累计在80次会议或场合谈到过"调查研究"（统计至2023年4月11日），可见总书记对调查研究的重视程度。

他论述过对调查研究的认识。他曾经反复强调"调查研究是谋事之基、成事之道。没有调查，就没有发言权，更没有决策

权。研究、思考、确定全面深化改革的思路和重大举措，刻舟求剑不行，闭门造车不行，异想天开更不行，必须进行全面深入的调查研究"。他也提过"正确的决策离不开调查研究，正确的贯彻落实同样也离不开调查研究"。

他也论述过调查研究的方法。比如，"要加强调查研究，坚持发展地而不是静止地、全面地而不是片面地、系统地而不是零散地、普遍联系地而不是单一孤立地观察事物，准确把握客观实际，真正掌握规律，妥善处理各种重大关系"。

他也经常讲述自己曾经下基层做调研的往事。"我在福建工作时，针对福建是林业大省、广大林农却守着'金山银山'过穷日子的状况，为解决产权归属不清等体制机制问题，推动实施了林权制度改革。当时，这项改革是有风险的，主要是上世纪①80年代有些地方出现了乱砍滥伐的情况，中央暂停了分山到户工作。20多年过去了，还能不能分山到户，大家都拿不准。经过反复思考，我认为，林权改革关系老百姓切身利益，这个问题不解决，矛盾总有一天会爆发，还是越早解决越好，况且经济发展了、农民生活水平提高了，乱砍滥伐因素减少了，只要政策制定得好、方法对头，风险是可控的。决心下定后，我们抓'山要怎么分''树要怎么砍''钱从哪里来''单家独户怎么办'这4个难题深入调研、反复论证，推出了有针对性的改革举措，形成了

---

① 这里指20世纪。

全国第一个省级林改文件。2008 年中央 10 号文件全面吸收了福建林改经验"。

他也一直对各级领导干部强调要多下基层看看。他说过："当县委书记一定要跑遍所有的村，当市委书记一定要跑遍所有的乡镇，当省委书记一定要跑遍所有的县市区。"也特别强调调查研究要有实效，"调查研究千万不能搞形式主义，不能搞浮光掠影、人到心不到的'蜻蜓点水'式调研，不能搞做指示多、虚心求教少的'钦差'式调研，不能搞调研自主性差、丧失主动权的'被调研'，不能搞到工作成绩突出的地方调研多、到情况复杂和矛盾突出的地方调研少的'嫌贫爱富'式调研，而是要拜人民为师、向人民学习，放下架子、扑下身子，接地气、通下情，既到工作局面好和先进的地方去总结经验，又到群众意见多的地方去，到工作做得差的地方去，到困难较多、情况复杂、矛盾尖锐的地方去调查研究，真正把功夫下到察实情、出实招、办实事、求实效上。"

二、新时代调查研究工作的最新要求

2023 年 3 月 19 日，中共中央办公厅印发了《关于在全党大兴调查研究的工作方案》（以下简称《方案》）。《方案》（读者可以在网上搜寻到全文）主要从重要意义、总体要求、调研内容、方法步骤、工作要求五个方面分别进行论述。

在重要意义方面，《方案》提出"在全党大兴调查研究，是深入学习贯彻习近平新时代中国特色社会主义思想、感悟这一重要思想的真理力量和实践伟力的必然要求，是深刻领悟'两个确立'的决定性意义、坚决做到'两个维护'的具体实践，是应对新时代新征程前进路上的风浪考验、推进中国式现代化的有力举措，是时刻保持解决大党独有难题的清醒和坚定、回答'六个如何始终'的现实需要，是转变工作作风、密切联系群众、提高履职本领、强化责任担当的有效途径"。笔者从"必然要求""决定性意义"等描述性词语看出，党中央将"大兴调查研究"提到一个极高的政治高度，也必将其作为在全党开展的主题教育的重要内容。

在总体要求方面，《方案》提出"在全党大兴调查研究，要坚持以习近平新时代中国特色社会主义思想为指导，全面贯彻落实党的二十大精神，紧紧围绕党的理论和路线方针政策、党中央重大决策部署的贯彻执行，大力弘扬党的光荣传统和优良作风，突出问题导向和目标导向，促进广大党员、干部特别是领导干部带头深入调查研究，不断深化对党的创新理论的认识和把握，善于运用党的创新理论研究新情况、解决新问题、总结新经验、探索新规律，扑下身子干实事、谋实招、求实效，使调查研究工作同中心工作和决策需要紧密结合起来，更好为科学决策服务，为提高党的执政能力和领导水平服务，为完成新时代新征程的使命任务服务"。《方案》明确表示"必须坚持党的群众路线""必须坚持实事求是""必须坚持问题导向""必须坚持攻坚克难""必须坚持系统观念"。

在调研内容方面，《方案》提出要"做好事关全局的战略性调研、破解复杂难题的对策性调研、新时代新情况的前瞻性调研、重大工作项目的跟踪性调研、典型案例的解剖式调研、推动落实的督查式调研"，并确定了12个方面的调研内容，分别是：①贯彻落实党中央决策部署和习近平总书记对本地区本部门本领域工作重要指示批示精神的主要情况和重点问题；②贯彻新发展理念、构建新发展格局、推动高质量发展中的重大问题，推进高水平科技自立自强，扩大国内需求、深化供给侧结构性改革、建设现代化产业体系、落实"两个毫不动摇"、吸引和利用外资，全面推进乡村振兴中的主要情况和重点问题；③统筹发展和安全，确保粮食、能源、产业链供应链、生产、食品药品、公共卫生等安全，防范化解重大经济金融风险中的主要情况和重点问题；④全面深化改革开放中的重大问题，重要领域和关键环节改革、推进高水平对外开放中的主要情况和重点问题；⑤全面依法治国中的重大问题，完善中国特色社会主义法律体系、推进依法行政、严格公正司法、建设法治社会等主要情况和重点问题；⑥意识形态领域面临的挑战，推进文化自信自强、建设社会主义文化强国和新闻舆论引导、网络综合治理中的主要情况和重点问题；⑦推进共同富裕、增进民生福祉中的重大问题，巩固拓展脱贫攻坚成果、缩小城乡区域发展差距和收入分配差距的主要情况和重点问题；⑧人民最关心最直接最现实的利益问题，特别是就业、教育、医疗、托育、养老、住房等群众急难愁盼的具体问题；⑨牢固树立和践行绿水青山就是金山银山理念方面的差距和不足，推进美丽中国建设、保护生态环境和维护生态安全中的主要情况和重点问题；⑩维护社会稳定中的重大问题，防灾减灾救灾和重大突发公共事件处置保障短板，处理新形势下人民内部矛盾和强化社会治安整体防控的主要情况和重点问题；⑪全面从严治党中的重大问题，落实党的领导弱化虚化淡化、党组织政治功能和组织功能不够强，干事创业精气神不足、不担当不作为，应对"黑天鹅""灰犀牛"事件和防范化解风险能力不强，形式主义、官僚主义，特权思想和特权行为等重点问题；⑫本地区本部门本单位长期未解决的老大难问题。

从调研内容可以看出：一是所包含范围很广、很全面，明确要调研的内容基本涉及决策落实、经济发展、深化改革、金融风险、公共安全、乡村振兴、共同富裕、民生问题、依法治国、绿色发展、党的治理等各个方面与领域，这些方向与课题又是与落实二十大、推动高质量发展、中国式现代化发展密切相关；二是调研内容明确指出要围绕"主要情况"和"重点问题"或者"急难愁盼""老大难"问题，意味着要抓主要矛盾，围绕主要问题去调查、去研究，在有限的资源情况下，找出发展的问题与痛点，找出有效的对策与解决方案，才能保证调查研究有更大的成效。

在方法步骤方面，《方案》提出提高认识、制定方案、开展调研、深化研究、解决问题和督查回访六个步骤。可以看出，六个步骤从认识到方案到调研、研究到解决到督查，基本形成了一个完整的闭环。特别是增加"督查回访"环节，更彰显了调查研究的最终结果是要解决问题，而且要确保问题真正得到解决。调查研究不是为了调研而调研，是既要发现问题，又要扎实地解决问题，还要确保有实效、有成效。

其中，"提高认识"环节，又要求深入学习习近平总书记关于调查研究的重要论述，读者可通过学习强国网站查看总书记重要论述。笔者认为既要学习对调查研究的认识及调查研究的系列理论，也要多学习调查研究的方法，还要学习调研报告的编写方法，本书主要聚焦调查研究的方法及调研报告的编写方法等方面的内容，希望读者有所收获。在"制定方案""开展调研"环节，明确了党委（党组）主要负责同志要主持制定方案，县处级以上领导班子成员每人牵头 1 个课题开展调研；也提出了"综合运用座谈访谈、随机走访、问卷调查、专家调查、抽样调查、统计分析等方式，充分运用互联网、大数据等现代信息技术开展调查研究"。可以看出，随着时代的发展，各类统计分析、互联网大数据等新技术已成为调查研究方法的重要技术手段，本书也会对各类调研方式展开讲解。

在工作要求方面，《方案》提出了"加强组织领导""严明工作纪律""坚持统筹推进""加大宣传力度"四方面要求，"加强组织领导""坚持统筹推进"与"加大宣传力度"这三方面要求比较好理解，笔者重点解读"严明工作纪律"的内在要求。首先《方案》中明确要采取"四不两直"方式开展调研。"四不两直"最初是指国家安全生产监督管理总局①建立的安全生产暗查暗访制度，主要内容为"不发通知、不打招呼、不听汇报、不用陪同接待、直奔基层、直插现场"，目前已经成为一种普遍的工作方法，这表明调研要听"真声音"，要看"真现场"，要找"真问题"，最后还要制定有针对性的"好对策"，最终产生解决问题的"好结果"。同时，《方案》还提出"避免扎堆调研、多头调研、重复调研，不增加基层负担"。《方案》还提出"不搞作秀式、盆景式和蜻蜓点水式调研，防止走过场、不深入""防止调查多研究少、情况多分析少，提出的对策建议不解决实际问题"两方面内容，也是近年来调查研究推进过程中确实会发生的一些典型问题，典型问题的本质是形式主义、官僚主义，坚决要引以为戒。

第二节　做好调查研究的五个关键点

既然调查研究如此重要，有关要求也做了安排与部署，笔者

---

① 现为应急管理部。

便梳理了做好调查研究的关键点。

一、选题要到位，既要"大"，也要"小"

调研报告选题就是要确定一个研究的主题。"主题"一词源于德国，最初是一个音乐术语，指一首乐曲中最具特征并处于优越地位的那一段旋律，即主旋律。主题表现一个完整的音乐思想，是乐曲的核心。对于调研工作，主题就是调研报告的"灵魂""龙头"，决定着调研工作的总方向、总水平，它对整个调研工作的成败具有决定性的作用。因此，选好调研主题，是做好调研工作的第一步，也是调研成功与否的关键。选题到位，调研基本上就成功了一半。

主题选准确的标准是，看调研工作是否有利于本地区、本部门经济与社会的发展，是否符合广大群众的迫切需要。从这一点出发，选题应该坚持问题导向和效果导向，直面发展中存在的"硬骨头"，紧盯群众生产生活的揪心事、烦恼事，并进行解剖、分析、研究，形成有情况、有分析、有思路、有办法的调研成果。这样的选题才会"一碰就响"，取得好的效果。

那么，调研主题如何确定呢？

从宏观上来讲，确定调研主题应遵循以下四个基本原则。**一是时效性原则**。时效是调研的价值体现。它是指主题适时有效，时机恰到好处。"言当其时，一字千金；言背其时，一文不值"。

因此调研人员要有高度的敏感性，增强工作的预见性、超前性，紧紧围绕领导的所思、所想、所急选题，开展适度超前的调研，以迅速摸清情况，及时为领导决策提供有参考价值的对策、建议。**二是需要性原则。**需要是调研的出发点和归宿。要根据客观需要来决定是否调研或调研什么。一般说来，有党委、政府制定政策、法规、技术方案的需要，有解决人民群众生产生活问题的需要，有推动工作的需要，等等。同时，要注意抓住那些带有一定苗头的倾向性问题，抓住那些当务之急、当务之重的问题，去深入调查，认真研究。只有这样，才能参到点子上，谋到关键处。**三是创造性原则。**创新是调研的活力源泉。不能简单重复别人早已做过的调研，无论从未做过的首创性课题，外地做过、本地尚未做过的移植性课题，过去做过、现在尚未做过的追踪性课题，还是从新角度、新侧面去研究老问题的扩展性课题等，都要有一定的新颖性、独特性和先进性，给人以耳目一新、不同凡响之感。**四是可行性原则。**可行是调研成功的关键。开展的调研必须与我们自己的思想状况、能力水平、实践经验，以及人力、物力、财力和时间等条件相适应，与客观事物的成熟程度和调查对象的回答能力、合作意愿，以及社会环境的种种因素相符合，只有这种相适应、相符合的调研，才有可能圆满完成。

从微观上来讲，可以结合实际从以下四个角度确定调研主题：一是选择事关全局的崭新情况和重大问题；二是居于本单位本部门中心地位的重点、热点、难点问题；三是为群众、职工所注意的最迫切的重点、热点、难点问题；四是上级单位下达的重点调研课题。

选准选好调研主题要选大中见小的题或小中见大的题。大中见小，即站在党委、政府的高度和经济社会发展的全局来选题；小中见大，就是开小口，像打井一样往纵深挖掘，不见清泉不罢休，要善于抓住那些经济社会发展中存在的苗头性、倾向性问题，切忌破皮即止、泛而不深。

二、调查要做到位，既要"真"，也要"实"

什么是"真"？"真"就是"真实客观"。什么是"实"？"实"就是"实事求是"。关于"实事求是"，毛泽东同志说："'实事'就是客观存在的一切事物，'是'就是客观事物的内部联系，即规律性，'求'就是我们去研究。"实事求是体现了唯物论、认识论、辩证法的统一。它是马克思主义的基本原则，是毛泽东思想和邓小平理论的精髓，是指导我们一切工作的根本指针。调研如何坚持实事求是的原则？概括起来，要做到"四个"不唯：一是不唯上，不能为了迎合某领导人的意图而不顾客观事实、胡编乱造，更不能因为某些顾虑或压力而不敢反映真实情况，甚至弄虚作假、歪曲客观事实；二是不唯书，不能将书本知识或已有政策作为教条对待，为书本上已有的结论所禁锢，而不尊重活生生的现实；三是不唯众，勇于独立思考，不要随大流或人云亦云，不能为多数人不符合客观规律的看法所左右；四是不唯己，不能自己先入为主、以自己固化的看法为转移，要敢于否定自己的不符合实际的观点。一句话，要坚持实事求是的原则，就必须尊重事实，崇尚实践，坚决排除各种各样的干扰，以符合客观事实为准，不迁就，不动摇，不隐瞒，如实反映真实情况，视实事求是为调查研究的生命线。

在正式开始调查前，为提高调查的针对性和实效性，要拟好调查提纲，做好充分的准备。在调查过程中，要使用科学合理的方法（如运用报表统计法、会议调查法、实地调查法等行之有效的传统方式方法），去获得真实的情况，掌握真实的数据。同时，数字技术、网络平台、大数据等收集资料、汇聚民意的新手段在互联网时代也被广泛运用。

1. 报表统计法

报表统计法是常用、有效的一种调查方法，通过设计制作表格，收集相关数据，达到掌握工作情况的目的。由于统计报表的内容比较固定，因此可以通过报表分析出某项事物的发展轨迹和未来走势。报表统计法的优点是能够快速、有效地了解工作情况，方法简便，效率较高；缺点是不能掌握具体的工作事例，调查缺乏深度和实感。因此，工作中要防止报表统计过多过滥、随便下发名目繁多的报表，避免增加基层工作负担、滋长官僚主义习气。

2. 会议调查法

会议调查法是调查研究工作中常用的一种调查方法，通过召集一些了解详细情况的同志，采用座谈或讨论的形式，请他们谈谈某些问题的情况和他们对这些问题的认识，并让他们提出建设性意见。会议调查法的优点是可以在短时间内了解多个方面的情况，还能通过讨论产生思想碰撞，促进调研深入，工作效率较高；缺点是调查缺乏现场真实性，调查质量受调查对象影响较大。会议调查法的关键是要选好参会人员，让有观点、有想法、了解具体情况的同志参加座谈。

3. 实地调查法

实地调查法就是深入基层、深入一线进行现场观察调研，收集掌握大量第一手资料，调查人员有目的、有计划地直接考察正在发生的经济或社会现象的一种调查方法。实地调查法的优点是调查较为深入，调查人员能够在实地直接感受客观对象，能够了解真实具体的情况，所获取的是直接的、生动的、具体的感性认识；缺点是需要花费较多的时间、人力和物力，调查面较小。实地调查法所观察到的往往是事物的表面现象或与外部的联系，带有一定的偶然性。

4. 查阅资料法

查阅资料法是围绕调研主题，收集查阅相关文献资料，广泛获取调研信息的一种调查方法。查阅资料法的优点是不受时间、空间限制，借鉴参考相关信息，便于启发、开拓思路，方法较为简便；缺点是所获取的大多是第二手资料，会受一定时代、一定社会条件和撰写者个人素质等方面的制约，只能作为调查的先导，不能作为调查结论的现实依据。采用查阅资料法要注意避免观点先入为主、不重视现实材料，甚至抄袭他人文献等行为。

5. 访谈调查法

访谈调查法是通过走访不同的人群、对象来获取调研信息的一种调查方法。访谈调查法的优点是获得的信息准确性较高，访谈互动中往往能够获得更有价值的材料，有助于对问题的深入了解；缺点是工作量大、耗时长、成本高，不易大规模开展，问题不能匿名，获得的材料、事实和数据一般都需要检验、查证或核实。访谈调查法多用于对一些专家、学者、领导等重点对象的调查。随着信息技术的发展，访谈调查法已扩展到电话访谈、线上交流等间接的访谈方式。

6. 问卷调查法

问卷调查法是指通过统一设计制作调查问卷，并选定一定数量的调查对象了解情况或征询意见的一种调查方法，也称"书面调查法"。问卷调查法的优点是调查面广、信息量大、调查资料便于汇总整理和分析等；同时问卷调查具有匿名性，有利于调查敏感和尖锐问题，有利于调查对象倾吐自己的真实情况、想法和感受。其缺点是只适用于对调查对象的认识、反映的内容及所了解情况的调查，并且调查对象的配合度对调查的真实性影响较大，同时只能获得书面信息，缺乏生动性、具体性。

7. 网络调查法

网络调查法是借助互联网广泛开展调查研究的一种方法。当今时代是网络信息时代，网络具有传播快、覆盖面广、参与人群多、数据采集简单、可操作性强等特点。互联网是一个超大信息库，可搜索收集大量信息资料，同时可利用网络开展问卷、专家访谈、视频会议、综合分析等调查，由于网络具有即时、交互、远程、便利等特性，因此目前网络调查法应用越来越广泛。充分借助网络平台，了解群众所思所愿，收集好想法、好建议，网络调查法已成为一种有效的调查方法。

8. 大数据调查法

大数据调查法是指通过多渠道收集海量数据，抓取有效信息，运用信息化技术手段精准画像，进行案例分析，研究剖析典型案例，从个别到一般，归纳共性、总结经验、发现规律的一种调查方法。现如今，大数据已经成为人们生活、工作等各个领域必不可少的一部分，是经济社会发展的未来趋势。所以，笔者这里重点介绍如何应用大数据来开展调查。**一是数据收集与整理。**大数据分析，首先需要考虑的是如何收集和整理数据。在数据分析领域，数据的质量、完整性和准确性是非常重要的，因此，数据的收集与整理必须严格按照标准化的操作流程进行。我们可以通过多种途径来收集数据，包括数据挖掘、网络爬虫、调查问卷等。在数据整理的过程中，需要对数据进行清洗，剔除不符合要求的数据，如重复数据、错误数据等。同时，在进行数据处理时，还需要对数据进行归纳和整理，以达到方便分析和应用的目的。**二是数据分析与展示。** 在进行大数据分析时，需要掌握一些专业的技术手段。这些技术手段包括数据挖掘、机器学习、数据可视化等。数据挖掘技术是一种通过自动化的算法来发现数据中的模式和规律的技术。机器学习是通过训练算法，使其从样本中学习规律，再应用到未知的数据中的技术。数据可视化是指将数据通过一些图表、图像等更为生动直观的方式展示出来，以便于理解和分析。**三是数据的学习与应用。** 深度学习是一种机器学习的方法，它是通过多层次的神经网络对数据进行处理和分析，以实现更为精准的数据分析。在具体应用中，深度学习可以用于自然语言处理、图像识别、语音识别、智能推荐等领域。例如，在智能推荐系统中，深度学习可以基于用户的行为和偏好，为调查人员提供更加精准的结论。

以上介绍的调查研究的方法，是常用的方法。这些方法在调查研究中使用时，并不是单一运用的，而是互相交错运用的。因此，应在调查研究工作中灵活运用以上方法。

三、研究要到位，既要"深"，也要"准"

调查获取的素材，不能简单堆砌、直接使用，要深入"研究"。所谓"研究"，就是要把大量和零碎的材料经过去粗取精、去伪存真、由此及彼、由表及里的思考、分析、综合，分清现象与本质、主流与支流、优点与缺点、主要矛盾和次要矛盾，并从事物的相互关联中发现事物的内在联系和本质特征，找出规律性的东西，形成理性认识的过程，是对事物认识的较高级阶段。最早"Research"一词源自古法语，意思是彻底检查。《现代汉语词典》的解释：①探求事物的真相、性质、规律等；②考虑或商讨（意见、问题）。研究必须从大局着手，瞄准现实中的突出问题，坚持"小中见大""点面结合"，精研、深思、细悟，揭示规律、把握本质，提出有质量、有见地、有价值的对策和建议。

我们常说要把调查与研究结合起来，是指对调查中掌握的材料和现象进行深刻分析。要集思广益，博采众长，组织理论功底深厚、实践经验丰富的人参加讨论，营造各持己见的风气，集中集体智慧，最终形成接地气、解决问题的具体措施。要注意更新手段，学会运用经济学、社会学、信息论、系统论、控制论等相关知识，进行系统的定性和定量分析，为研究提供全面、翔实、可靠的信息和数据，从而使得出的研究结论更加符合实际。要提炼规律问题，调研人员必须对调查材料开展综合分析，找到问题存在的普遍性、发现事情发生的必然性。

19

在研究时，要正确估计问题的代表性，防止以偏概全；正确分析和综合，能够透过现象抓住本质，防止停留在对材料的简单堆积和描述上；正确判断问题的性质，防止夸大或缩小问题的轻重程度；善于运用系统的观点、发展的眼光来研究历史、分析现状和预测趋势。

怎样增强调研报告的研究深度？笔者认为可采用以下做法。

一是站在时代和历史的高度，把握大局、全局。这是拓展研究深度的根本所在，主要是弄清楚调研的时代背景，凸显时代主旋律。**二是**揭开时代的面纱，抓住本质和规律。这是拓展研究深度的核心。**三是**注重地情地貌，突出特点特色。这是拓展研究深度的关键。**四是**聚焦观点提炼，加强材料配套。这是拓展研究深度的基本要求。只有这样，才能保证文章有说服力、感染力。也只有这样，才能谈得上调研报告有研究深度。要注重观点的提炼，尤其注意材料与观点配套、材料和材料配套。不论记事说理还是就事论理，都比较注重条理性和逻辑性，注重论据和论点配套。

由于人们认识问题的角度、研究问题的复杂性等因素，以及研究方法本身处于一个不断相互影响、相互结合、相互转化的动态发展过程，因此目前对研究方法的分类很难有一个完全统一的认识。常见的研究方法主要有以下几种。

（1）**比较分析法**。比较分析法又称指标对比分析法，是通过有关的指标对比来反映事物数量上的差异和变化的方法。单独地看一些指标，只能说明总体的某些数量特征，得不出什么结论性的认识。有比较才有鉴别。一经比较（如与历史数据比，与外国、外地、外单位比，与计划要求比），就可以对规模大小、水平高低、速度快慢等做出判断和评价。所以，比较分析法是统计分析中常用的方法。

（2）**综合评价法**。综合评价法是指运用多个指标对多个参评单位进行评价的方法。其基本思想是将多个指标转化为一个能够反映综合情况的指标来进行评价。例如，评价不同国家经济实力、不同地区社会发展水平、小康生活水平达标进程、企业经济效益等，都可以采用这种方法。

（3）**矛盾分析法**。矛盾分析法就是运用矛盾规律（即对立统一规律）理论来分析社会现象的思维方法，也是我们认识事物、解决矛盾的根本方法。在调查研究中运用矛盾分析法，是坚持唯物辩证法的题中应有之意，是科学调查研究的内在要求。矛盾分析法的主要内容是分析事物内部的对立和统一、揭示事物发展的内因和外因、认识矛盾的普遍性和特殊性。

（4）**分类研究法**。分类研究法是指调查研究目的及调查研究事物的属性或特征的共同点和差异点，按照一定的标志将调查总体内所有的个案（资料）划分为一些性质相同或相近的类别，分别归入某一层和组内，使之条理化、系统化，以利于对总体进行分门别类的研究方法。分类研究法作为对客观事物的反映，有从不甚深刻的本质分类到更深刻的本质分类这样一个逐步深化的

过程。

四、报告要到位，既要"快"，也要"明"

调研报告就是调查研究成果的书面报告。在调查研究工作中，写好调研报告是一个非常重要的环节。调研报告编写得好坏，直接关系到调查成果质量的高低和社会作用的大小，影响到制定政策的正确性和工作安排部署的科学性。作为调查研究的成果，调研报告必须坚持实事求是的原则，忠于事实，用事实说话，绝不可凭主观想象，凭现成的书本照搬照抄。事实必须真实、具体，切忌抽象、笼统、含混不清。调研报告应明确"解决什么、怎么解决"。注重运用调查中发现的新颖事实，提出一些新观点，形成一些新结论，提供一些新借鉴。只有这样，才能达到调研报告编写的目的。调研报告的文风既要平实简洁，也要生动活泼，不搞"四六句"的老套路，不写"穿鞋戴帽"的官样文章，不做"大而全"的赘述。调研报告是为了回答并解决现实问题而编写的，所以必须讲究时间效果。抓住了时机，调研报告就可以发挥重大作用，产生巨大的社会效益或经济效益。如果延误了时间，错过了时机，其就成为一纸空文而失去应有的作用。

五、落实要到位，既要"细"，也要"好"

调研不是目的，形成调研报告也不是调研的终点，最终解决问题，办好实事，为民谋福，才是调研的价值和意义所在。根据《方案》，在全党大兴调查研究分为六个步骤：提高认识、制定方案、开展调研、深化研究、解决问题、督查回访。其中，开展调研、深化研究、解决问题是调查研究全过程中的三个难点，而笔者认为是否能解决问题是调查研究成功与否的关键。衡量调查研究搞得好不好，关键是要看调查研究的实效，看调研成果的运用，看能否把问题解决好。调查研究是科学决策的前提和基础，目的就是要解决问题、推进工作。调研成果要及时转化，要变成推动工作的具体措施。调研成果的转化必须坚持时效性，坚决杜绝为调研而调研、把"白纸变成废纸"就算完成任务的现象发生。要及时运用多种渠道和形式转化调研成果，通过吸收领导讲话指导问题解决，通过形成政策性文件指导工作。

坚持边调查边研究边落实，开展以"听市场主体、听基层党员、听普通群众的意见建议，问所期所盼、问突出问题、问工作良方"为主要内容的"三听三问"活动，全面掌握第一手情况，梳理形成问题、责任、任务"三张清单"，逐一列出解决措施、责任单位、责任人和完成时限，确保问题不解决不松劲、解决不彻底不放手。对具有普遍性和制度性的问题、涉及改革发展稳定的深层次关键性问题，以及难题积案和顽瘴痼疾，研究透彻、找准根源和症结，形成解决问题、促进工作的思路办法和政策举措，确保每个问题都有务实管用的破解之策。对属于执行层面"中梗阻"的问题，领导干部要靠前指挥、推进落实。

不断强化调研成果的转化和运用，对调研中发现的问题，系统梳理、列出清单，逐一登记课题完成情况、问题解决情况、取得成效情况、群众反映情况等，形成党委（党组）调查研究专题报告，同时纳为主题教育总结报告的重要内容。细化完善调研成果转化的方案和措施，分类施策、精准施策，明确阶段目标、时限要求，盯住不放、持续整改，确保一件一件解决到位。建立健全"第一议题"制度、"五化"闭环工作法、"总施工图""分施工图""回头看"等机制，真正把调研成果转化成解决问题、推动工作、推动发展的实际举措和行动指南。只有把调研成果切实转化为实际成效，最终制定出符合实际、有效有用、有操作性的工作方案和措施，才能更好地惠及广大人民群众、得到人民认可，才是真正做到了以知促行、以行促知、知行合一。

第二章

如何写好调研报告

第一节　调研报告的作用、特点和类型

调研报告是调查研究的重要产出，调研报告的写作者必须自觉以研究为目的，根据社会或工作的需要，制订出切实可行的调研计划，即将被动的适应变为有计划的、积极主动的写作实践，从明确的追求出发，经常深入基层一线，不断了解新情况、新问题，有意识地探索和研究，写出有价值的调研报告。调研报告的核心是实事求是地反映和分析客观事实。一般调研报告的结构为：做法特点、问题分析、对策建议。做法特点一般是指当前的工作现状和实际情况，问题分析是对做法特点存在的不足进行阐述，对策建议是针对问题分析得出的结论，提出行之有效的解决办法和建议。

（一）调研报告的作用

一是总结经验。通过反映某地、某单位工作上的突出成绩，总结经验，树立榜样，以此推动面上的工作。通常在某项工作由试点向面上推开的时候，在人们对某项工作普遍感到难度很大、需要示范引导的时候，或者工作中出现某方面的突出典型、需要扶持和宣扬的时候，就需要这类调研报告，如《文化地理视域下"网红城市"的构建——以淄博烧烤为例》等。

二是揭露问题。通过反映工作中某种带倾向性、普遍性的问题，暴露其真相，找准其根源，分析其危害，以期引起有关党政组织、有关部门或全社会的重视，促成问题的解决，如《××大学生信仰问题调研报告》等。

三是研讨工作。通过对某项工作或全面工作的分析探讨，总结经验，找出问题，提出相应对策，指明努力方向，如《××建设研究与思考》等。

四是服务领导。通过调查研究，掌握有关情况，直接为领导决策提供依据。这类调研报告一般形成于某项决策形成之前，领导觉得某个问题需要决策，但由于情况不明，一时下不了决心，需要在弄清情况的基础上权衡利弊，再做出决断，于是自己或指派有关人员进行调查分析，而后以文字形成决策依据，如《××活力提升路径调研报告》等。

（二）调研报告的特点

调研报告主要包括两个部分：一是调查，二是研究。调查，应该深入实际，准确地反映客观事实，不凭主观想象，按事物的本来面目了解事物，详细地钻研材料。研究，即在掌握客观事实的基础上认真分析，透彻地揭示事物的本质。至于对策，调研报告中可以提出一些看法，但不是主要的。因为对策的制定是一个深入的、复杂的、综合的研究过程，调研报告提出的对策是否被采纳、能否上升到政策，应该经过政策预评估。

总的来说，调研报告就是论证系统，逻辑严密，摆事实，讲道理，具有超强的说服力，从而成为科学决策的可靠资料。那么，调研报告有哪些特点呢？笔者认为调研报告有五大特点。

（1）**客观性**。客观性是调研报告首要的、最大的特点。所谓客观性，就是尊重客观事实，靠事实说话，而不能主观臆造，胡编乱造，也不能"坐在家里定盘子，关起门来想点子，走到下面找例子，回到机关写稿子"，更不能为了迎合某个人的口味而搞假情况，说违心话。只有用事实说话，才能提供解决问题的经验和方法，研究的结论才能有说服力。如果调研报告失去了客观性，也就失去了它赖以存在的科学价值和应用价值。所以，调研报告的生命在于用事实说话，数据和事实的客观真实和准确是首要的。

（2）**针对性**。这是调研报告所具有的第二个显著特点，这是由具有很强的工作针对性所决定的。一般来说，一项调查研究工作，特别是大型调查研究，要花费较多的时间、较大的人力和物力，不是随意组织进行的，而是针对一些较为迫切的实际情况，

解决某些实际问题而进行的。因此，调查研究具有很强的针对性，在调研报告的写作上，必须中心突出，明确提出所针对的问题，明确交代这一问题所获得的事实材料，分析出问题的症结所在，提出具体可行的建议和对策。

（3）**典型性**。典型性是指在调研报告的写作过程中所采用的事实材料要具有代表性，以及所揭示的问题要带有普遍性。因为典型事物能反映一般事物的本质与规律，而调研报告是为了解决某个问题、总结某项经验研究事物的发展趋势而写作的，因此需要恰当地选择典型，剖析典型探索事物的发展规律，寻求解决矛盾的办法。这种典型特点在总结经验和反映典型事件的典型调研中表现得尤为突出。

（4）**系统性**。调研报告的系统性或完整性是指由调查材料所得出的结论，必须具有说服力，把被调查的情况完整地、系统地交代清楚。不能只摆出结论，而疏漏交代事实过程和必需的环节。这样的疏忽会造成不严密、根据不足及不足以令人信服的印象。这里所说的系统性和完整性并不是要求在调研报告的写作过程中事无巨细、面面俱到，而是要求抓住事物的本质和主要方面，写出结论的推理过程。

（5）**论理性**。调研报告的主要内容是事实，主要的表现方法是叙述，写作调研报告的目的是从这些事实中概括出观点，而观点是调研报告的灵魂。因此，有大量材料不一定就能写好调研报告，还需要把调研的东西加以分析综合，找出起支配作用的、本质的东西，把握事物内在的规律，进而提炼出观点。议论是"画龙点睛"之笔。调研报告紧紧围绕事实进行议论，要求叙大于议，有叙有议，叙议结合，这是调研报告的主要特色。

（三）调研报告的类型

调研报告根据内容可分为以下几类，这是调研报告的通用性分类。

（1）反映基本情况的调研报告。这类调研报告主要用于反映某一地区、某一领域或某一事物的基本面貌，目的在于报告全面的情况，为决策者制定方针政策、规定任务、采取措施提供决策依据和参考。这类调研报告常用于向上级报告工作，如领导下基层了解面上情况后所编写的调研报告，多用这类调研报告格式。

（2）总结典型经验的调研报告。这类调研报告主要用于对先进典型进行深入调查分析后，提炼出成功的经验和有效措施，以指导和推动面上的工作。这类调研报告格式主要包括：基本情况、突出成绩、具体做法、主要体会等。

（3）反映新生事物的调研报告。这类调研报告主要用于报告和评价新生事物，帮助人们提高对新生事物的认识。新生事物往往代表着事物的发展趋势，在写作这类调研报告时，要抱着满腔热情对新生事物给予充分肯定和积极支持。

（4）揭露问题的调研报告。这类调研报告可细分为两种：一种是为了研究解决工作中存在的缺点和问题，以及纠正不良倾向等而编写的调研报告，其目的在于揭示问题、反映情况，而不在于追究责任者；另一种是为了处理违法乱纪事件或严重事故等而编写的调研报告。

（5）**考察历史事实的调研报告。**这类调研报告通常用于对某一历史现象或某一历史事件进行重新调查，用确凿的事实揭示历史真相，做出正确的评价，以还原历史的本来面目。例如，为平反冤假错案所编写的调研报告就属于这类调研报告。这类调研报告的政策性和针对性较强，反映的事件往往也比较复杂。这类调研报告的正文内容一般包括三个方面：一是事实的本来面目；二是被歪曲的情况；三是纠正和处理的意见。

（6）**研究探讨性的调研报告。**这类调研报告主要用于研究探讨某项政策或工作，以统一认识，提出解决问题的办法。当然，也可以用于在做出某项决策之前进行可行性调研。这类调研报告应用非常广泛。

在《方案》中，也提到了六类调研，分别是做好事关全局的战略性调研、破解复杂难题的对策性调研、新时代新情况的前瞻性调研、重大工作项目的跟踪性调研、典型案例的解剖式调研、推动落实的督查式调研，这六类调研也会产出调研报告，这六类调研报告是从调研主题的性质来划分的。比如，关于做好事关全局的战略性调研，调研报告既可能属于反映基本情况的调研报告，也可能属于总结典型经验的调研报告，但是不管属于哪一种内容类型，调研报告的主题都要契合重大战略方向的内容，相关的对策性需要具有战略性，本书第三章至第八章将详细介绍这六类调研报告的重要写法。

第二节 调研报告的基本结构、撰写程序和主要写法

一份好的调研报告的形成，要注意以下几点。**一是调研选题要准**，就是要根据调研的问题确定选题类型（战略问题型、重大问题型、热点问题型、苗头问题型、典型问题型），然后根据选题类型确定文章的基本写作形式。**二是摸清实情要深**，就是在现场调研、走访座谈的过程中，要注意收集真实情况。围绕选题，将各种材料收集在一起。再去分析材料，确定一系列基本观点。然后根据观点，进一步补充完善材料。**三是提炼主题要新**，是指文章的主题要正确、集中、深刻、新颖、鲜明。特别要突出一个"新"字，要有新思想、新观点。主要类型有：切中时弊的，如《"双减"政策实施的问题、影响因素及对策》《城市近郊乡村旅游经济发展的探索与实践》；揭示掩盖现象后的关键问题的，如《苏北农村电商发展存在的问题及对策研究》；通过总体分析指出事物的发展方向的，如《因时因势适度超前开展数字

政府建设，着力提升人民群众幸福感获得感》；指出初露苗头的新事物的，如《ChatGPT：一个新时代正拉开序幕》。**四是确定框架要稳**，确定调研报告的框架时可采取先总后分、先分后总两种形式，灵活采用横式结构、纵式结构、纵横交叉结构等写作方法。**五是选择材料要精**，是指佐证材料要反映事物的内在本质和主要特点。佐证材料要与报告的主要观点保持一致。要选择有对比性、证明性的一些材料，要有正面例子、反面例子。**六是语言表达要实**，是指报告语言要严谨平实，分析问题一针见血，描述现象言简意赅。要学会使用群众语言和群众故事，可以直接使用群众原创的鲜活语句，增强文章的现实感和说服力。

起草调研报告，要以之前的调研情况为依据，还要注意以下几点：**一是注重标题的提炼**，标题既不能过长，也不能过短，既要准确无误反映主题，又要体现研究的本质；**二是语言要准确、观点要鲜明**；**三是在分析问题时**，要充分用好图表数据，使分析更有理有据、有说服力；**四是报告要紧扣地方、单位发展战略、中心要求、时政精神**；**五是研究报告不同于学术报告**，要接地气和具有可读性。

调研报告的形成，需要经历以下步骤：听取意见，收集材料；归纳整理，确定观点；提炼主题，安排结构；撰写提纲、整合材料；形成初稿、反复修改；报送领导，修改完善。

标题要内涵丰富、独特。大标题是整个报告的灵魂，要凝练、突出亮点。小标题要逻辑严谨、提纲挈领、层次清晰。报告框架要结构合理、浑然一体。可围绕"是什么、为什么、怎么办"推进，报告的材料如何摆布、内在结构如何衔接、先后顺序如何安排，需认真排兵布阵，层层递进，做到错落有致、贯通有序。报告要观点鲜明、逻辑严谨、表述准确、文字简练，具有说服力和感染力。例如，在《对调整××工业园区体制的思考和建议》一文中：第一部分标题为"回望园区的诞生背景，是经济梯度转移的必然、多级行政推动的力作、发展条件成熟的产物"，介绍基本背景；第二部分标题为"纵观园区的发展历程，呈现出起步稳、成长迅速、下行阶段长这三个明显的阶段性特征"，介绍发展状况；第三部分标题为"透析园区发展的窘状，项目发展是根本、制度障碍成困扰、民生问题需重视"，剖析问题、亮明观点；第四部分标题为"解决园区发展问题，必须果敢决策明方向、各方齐动聚合力、制度再造固根本"，针对问题、提出对策。一般来讲，调研报告的编写流程如下。

一是谋篇布局搭框架。调研报告的框架一般有几种模式：反映情况类——基本情况＋主要成绩＋突出问题；经验总结类——主要做法＋成效＋启示；揭露问题类——存在问题＋原因分析＋对策建议；研究探讨类——情况介绍＋研究意义＋对策建议；等等。

二是精挑细选定材料。材料的选择要求"准"、求"新"、求"精"，抓住那些"一碰就响"的情况、"一针见血"的问题和"一目了然"的典型，把笔墨集中用在与主题关系密切的内容上。必须掌握符合实际的丰富确凿的材料，这是调研报告的生命。丰富确凿的材料一方面来自实地考察，一方面来自书报、杂志和互联网。在知识爆炸的时代，最难得的是深入实地获取第一手资料。这就需要眼睛向下，脚踏实地地到实践中认真调查，掌握大量的符合实际的第一手材料，这是写好调研报告的前提，必须下大功夫。对于获得的大量的直接和间接资料，要做艰苦细致的辨别真伪的工作，从中找出事物的内在规律性，这是不容易的事。调研报告切忌面面俱到。在第一手材料中，筛选出最典型、最能说明问题的材料，对其进行分析，从中揭示出事物的本质或找出事物的内在规律，得出正确的结论，总结出有价值的东西，这是编写调研报告时应特别注意的。

三是精雕细刻"搞装修"。 拟稿和改稿要经过一个"短—长—短—精"的过程。在写作成文的过程中，要符合三个标准，即分析求透、内容求实、文字求简。用词力求准确，文风朴实。毛泽东的《湖南农民运动考察报告》是很好的典范。写调研报告应该用概念成熟的专业用语，非专业用语应力求准确易懂。通俗应该是提倡的。特别是调查对象反映事物的典型语言，应在调研报告中选用。目前，盲目追求用词新颖，把简单的事物用复杂的词语来表达，把简单的道理说得云遮雾罩，实际上是学风浮躁的表现，有时甚至有"没有真功夫"之嫌。调研报告一般是针对解决某一问题而产生的。调研报告需要陈述问题发生发展的起因、过程、趋势和影响。如果用词概念不清，读者就难以了解事物的本来面目，也就达不到解决问题的目的。尤其是政策性调研报告，用词准确有助于决策者迅速准确地理解调研报告的内容，有利于政策制定和调整的正确性。

不同类型的调研报告，具体内容有所不同，但基本写法是相通的。调研报告的写法，一是熟悉调研报告的基本结构，二要把握调研报告的编写程序。

（一）调研报告的基本结构

结构是调研报告的整体安排和组织构造。一般来说，调研报告的内容大体有标题、摘要、导语、概况介绍、资料统计、理论分析、结论或对策、建议，以及所附的材料等，由此形成的调研报告结构就包括标题、导语、正文、结尾和落款。在一篇调研报告中，主题解决的是"言之有理"的问题，而结构解决的是"言之有序"的问题；主题犹如人的"灵魂"，而结构恰如人之"骨胳"。结构是调研报告表达及表现形式的一个重要问题。讲究结构，理清思路，立定格局，在布好局、谋好篇上下功夫，是起草修改调研报告必须把握的基本要求。起草调研报告，对结构安排在动笔前要反复思考、在起草中要精心谋划；修改调研报告，对结构问题要高度关注，对不完善的部分认真调整。

1. 大标题怎么写

调研报告的标题有单标题和双标题两类。所谓单标题，就是一个标题。其中又有公文式标题和文章式标题两种。公文式标题由"事由＋文种"构成，如"××省中学语文教学情况的调研报告""2022年度全国未成年人互联网使用情况的调研报告"。文章式标题，如超大城市治理的"成都之解""××市的校办企业"，或表明作者通过调查所得到的观点的标题，如"调整教育政策，增加教育投入""以高端创新平台提升创新引领力"。所谓双标题，就是两个标题，即一个正标题和一个副标题，如"为了造福子孙后代——××县封山育林调研报告"。调研报告要用能揭示内容中心的标题，具体写法有以下几种。①公文式标题。这类调研报告标题多数由事由和文种构成，平实沉稳，如"关于农村独居老人生活状况的调研报告"。②文章式标题。这类调研报告标题直接揭示调研报告的中心，十分简洁，如"本市老年人各有所好""探索国际消费中心城市建设新路径""××省返乡农民工创业的现状、问题及对策调研"。③提问式标题，如"'人情债'何时了"。这是典型调研报告常用的标题写法，特点是具有吸引力。④正副标题结合式标题。这是用得比较普遍的一种调研报告标题，特别见于总结典型经验的调研报告和反映新生事物的调研报告。正标题揭示调研报告的思想意义，副标题表明调研报告的事项和范围，如"深化厂务公开机制 创新思想政治工作方法———关于××深化厂务公开制度的调查""大山深处无障碍情系高原助发展 青年干部'根在基层'无障碍环境建设调研报告"等。

2. 导语怎么写

导语又称引言。它是调研报告的前言，简洁明了地介绍有关调查的情况，或提出全文的引子，为正文写作做好铺垫。调研报告的前言简要地叙述为什么对某个问题（工作、事件、人物）进行调查；调查的时间、地点、对象、范围、经过及采用的方法；调查对象的基本情况、历史背景及调查后的结论等。这些方面的侧重点由写作者根据调研目的来确定，不必面面俱到。调研报告开头的方法很多，有的引起读者注意，有的采用设问手法，有的开门见山，没有固定形式。但一般要求紧扣主旨，为主体部分展开做准备。文字要简练，概括性要强。常见的导语有：①简介式导语，即对调查的课题、对象、时间、地点、方式、经过等进行简明的介绍；②概括式导语，即对调研报告的内容（包括课题、对象、调查内容、调查结果和分析得出的结论等）进行概括的说明；③交代式导语，即对课题产生的由来进行简明的介绍和说明。

3. 正文怎么写

正文是调研报告的主体和核心，是导语的引申，是结论的依据。它对调查得来的事实和有关材料进行叙述，对所做出的分析进行议论，对调查研究的结果和结论进行说明。这部分主要写明事实的真相、收获、经验和教训，即介绍调查的主要内容是什么，为什么会这样。主体部分要包括大量的材料——人物、事件、问题、具体做法、困难障碍等，内容较多。所以要精心安排调研报告的层次，安排好结构，有步骤、有次序地表现主题。

正文的结构有不同的框架。一是根据逻辑关系安排材料的框架：横式结构、纵式结构、纵横式结构。横式结构，即对调查的内容加以综合分析，紧紧围绕主旨，按照不同的类别分别归纳成几个问题来写，每个问题可加上小标题。而且，每个问题里往往还有若干小问题。总结典型经验的调研报告的正文，一般采用横式结构。这种调研报告形式观点鲜明，中心突出，使人一目了然。纵式结构有两种形式。一种是按调查事件的起因、发展和先后次序进行叙述和议论，反映基本情况的调研报告和揭露问题的调研报告的正文多使用这种结构形式，有助于读者对事物发展有深入而全面的了解。另一种是按成绩、原因、结论层层递进的方式安排结构，一般综合性质的调研报告的正文多采用这种结构形式。纵横式结构兼有横式结构和纵式结构的特点，互相穿插配合，组织安排材料。采用纵横式结构，一般是在叙述和议论发展过程时采用纵式结构，而写收获、认识和经验教训时采用横式结构。调研报告的主体部分不论采取哪种结构形式，都应该做到先后有序、主次分明、详略得当、联系紧密、层层深入，为更好地表达主题服务。这三种结构以纵横式结构常为人们采用。

二是按照内容表达的层次安排框架："情况—成果—问题—建议"式结构，多用于反映基本情况的调研报告；"成果—具体做法—经验"式结构，多用于总结典型经验的调研报告；"问题—原因—意见或建议"式结构，多用于揭露问题的调研报告；
"事件过程—事件性质结论—处理意见"式结构，多用于揭示案
件是非的调研报告。

4.正文中小标题怎么写

标题者，文之机杼也。一篇调研报告中正文的各级小标题，
正如房屋的窗牖和梁柱，支起了整个构架。好的小标题，不仅使
调研报告的内容串珠成链，环环相扣，也使调研报告气韵贯通，
纲举目张，赋零散的材料以生命。因此，好的小标题犹如一盏盏
明灯能够照亮全篇，使起草调研报告达到事半功倍之效。

"五把标尺"——拟好小标题的要求。

一是语言要惹眼。调研报告正文的小标题不一定要追新逐
异、极尽辞藻堆砌之能事，但一定得字敲句打，精雕细琢，具有
很强的视觉冲击力。如果连小标题都平淡无奇，索然无味，调研
报告的拟写最终可能会失败。**二是结构要新巧**。由调研报告正文
小标题组成的结构，既体现了通篇的逻辑严密性，又显示了整体
的美感。好的结构，能体现作者挥斥运斧的驾驭力，反映作者缜
密的构思，也使语言的"砖石"各归其位，各臻其妙。结构新
巧，要求作者独出机杼，着力在逻辑梳理上下功夫，在内容措置
上做文章，在框架设计上有高招。**三是概括要精准**。"删繁就简
三秋树，领异标新二月花"。一篇调研报告以至调研报告每个标
题下辖的内容可能有很多，但不可能事无巨细，纤毫毕现，——

41

尽归于标题。标题的高度概括性，要求语言一要精，二要准，能准确概括所统摄内容的标题，最能体现写作者的文字功力。**四是立意要高远**。立意，既是调研报告之"魂"，也是标题之"眼"。各级各类调研报告，作为党政机关了解和掌握实际情况的工具，应紧扣上级各类会议的指示精神，充分体现上级各类文件的政策要求，准确把握当前社会发展的趋势，如此，文章的立意就能上一个档次，迈上一个新的台阶。**五是格调要朴实**。任何一篇调研报告都有一定的格调，或文或朴。除了个别调研报告体例外，大多数调研报告无论内容还是标题，文字都应力求简雅明快，有一说一，不故作高深，不望文生义，不生造词语，不用怪癖词，与实际相符。

比如，《"农民荒"加重粮食安全堪忧——来自全国百余村的调研报告》，这篇调研报告是首届国家中央国家机关公文写作技能大赛活动中调研报告类特等奖作品，其正文小标题非常有特色。

"农民荒"加重粮食安全堪忧——

来自全国百余村的调研报告①

一、"农民荒"及其引起的五大连锁反应问题

---

① 仅展示该文的框架，余同。

（一）"年轻人成了稀罕物"——种粮农民呈"高龄化"趋势

（二）"土地谁来种"——土地撂荒面积有增无减

（三）"村子里的娃娃越来越少"——农村义务教育形势严峻

（四）"村干部后继无人"——乡村政权组织面临严峻挑战

（五）"那些消逝的村庄"——每天约有20个行政村消失正摧毁着中国农村传统的文化形态

二、七大原因引发"农民荒"问题

（一）经济发展和技术进步的客观结果

（二）单向城市化格局的影响

（三）传统农业的资源配置效率潜力有限、收益率较低

（四）农业机械化率低，生产条件差

（五）"跳出农门"，青年农民不愿意再做农民

（六）"想当农民不容易"，合格农民的培养周期长

（七）农村生育率下降的影响

三、应对"农民荒"及粮食安全问题的对策建议

（一）从降低投入与提高收益的角度，双向调节粮食生产的"利润率"，提高农民种粮的积极性

（二）统筹城乡义务教育，对农村校舍建设应具有前

瞻性

（三）借鉴"大学生村官"经验，加强乡村基层政权组织建设

（四）推广江苏东海县薛团村"适当集中"的做法，拯救农村传统文化和生活形态

5. 结尾怎么写

结尾的内容大多是调查人员对问题的看法和建议，是分析问题和解决问题的结果。不同的调研报告，结尾写法各不相同。一般来说，调研报告的结尾有以下五种：对调研报告归纳说明，总结主要观点，深化主题，以提高人们的认识；对事物发展做出展望，提出努力的方向，启发人们进一步去探索；提出建议，供领导参考；写出尚存在的问题或不足，说明有待今后研究解决；补充交代正文没有涉及而又值得重视的情况或问题。总之，调研报告结尾要简洁有力，有话则长，无话则短。

6. 落款怎么写

调研报告的落款要写明调查人员的单位名称和姓名，以及完稿时间。如果标题下面已注明调查人员，则落款时可省略。

（二）调研报告的编写程序

编写调研报告要经过五个程序。

（1）确定题目。主题是调研报告的灵魂，对调研报告写作的成败具有决定性的意义。因此，调研报告的题目应与调研主题一致；要根据调查和分析的结果，确定主题；主题宜小，且宜集中；与标题协调一致，避免文题不符。

（2）取舍材料。对经过统计分析与理论分析所得到的系统的完整的调查资料，在组织调研报告时仍需精心选择，不可能也不必都写进报告，要注意取舍。如何选择材料呢？选取与主题有关的材料，剔除无关的、关系不大的、次要的、非本质的材料，使主题集中、鲜明、突出；注意材料点与面的结合，材料不仅要支持报告中某个观点，而且要相互支持；在现有有用的材料中，要比较、鉴别、精选材料，选择最好的材料来支持意见。

（3）布局和拟定提纲。这是调研报告构思中的一个关键环节。布局是指调研报告的表现形式，它反映在提纲上就是文章的"骨架"。拟定提纲的过程实际上就是把调查材料进一步分类、构架的过程。构架的原则是围绕主题，层层进逼，环环相扣。提纲的特点是它具有内在的逻辑性，要求必须纲目分明，层次分明。

（4）起草报告。这是调研报告写作的行文阶段。要根据已经确定的主题、选好的材料和写作提纲，有条不紊地行文。在写作过程中，要从实际需要出发选用语言，灵活地划分段落。在行文时要注意：结构合理（标题、导语、正文、结尾、落款）；文字规范，具有审美性与可读性，如"制定优惠政策，引进急需人才""运用竞争机制，盘活现有人才"（文章段落的条目观点）；用语通俗易懂。注意对数字、图表、专业名词术语的使用，做到深入浅出，语言具有表现力，准确、鲜明、生动、朴实。

（5）修改报告。报告起草好以后，要认真修改。主要是对报告的主题、材料、结构、语言文字和标点符号进行检查，加以增、删、改、调。在完成这些工作之后，才能定稿报送或发表。

（三）调研报告的主要写法

写作调研报告，要根据调研的问题确定选题类型（战略问题型、重大问题型、热点问题型、苗头问题型、典型问题型），然后根据选题类型确定报告的基本写作形式。

不同种类的调研报告，其调研报告格式与写法总体上大致相同，但由于强调的重点和要求不完全一样，因此，每种调研报告的格式和写法也有一定的区别。下面对前文几种常用的调研报告的格式和写法分别进行简要介绍。

（1）反映基本情况的调研报告写法。这类调研报告的写法偏重于反映客观情况，分析研究的成分相对少一些，一般也不要求提出理论性的主题思想。在写作过程中，这类调研报告的标题一般要点明是关于什么单位或者地区、什么问题的调查，其导语一般介绍调查的缘由、目的、时间、地点、范围和方式等。由于这类调研报告格式的主体内容涉及面一般都比较宽，因此，这类调研报告格式在写作上往往采用横式结构。例如，综合反映一个地区的情况，可从经济建设、政治建设、文化建设、社会建设、组织领导等若干方面来编写调研报告；反映某一方面的情况，则可分为基本概况、主要成绩、突出问题等若干层次来编写调研报告。当然，每个大的部分中还可以分为若干小的问题来写。

（2）总结典型经验的调研报告写法。这类调研报告的内容主要包括基本情况、突出成绩、具体做法、主要体会等。这类调研报告的标题一般要反映主题。导语大多采用概述主要成绩、发展变化，并提示基本经验的写法。主体部分需要充分展开，不仅要写具体做法，而且要写切身体会；不仅要写感性认识，而且要上升到理性认识。这两个方面是相辅相成、缺一不可的：没有具体做法，体会就是空的；不上升到理性认识，感性认识就难以具有广泛的指导意义和推广价值。结尾可以归纳全文、强调主旨，或者指出不足、展望未来。在行文的语气上，经验调研报告格式与经验总结不同，经验总结用第一人称，行文语气谦虚，而调研报告则用第三人称，可以热情赞扬，以促进经验的推广。

（3）反映新生事物的调研报告写法。这类调研报告写法的特殊性上，源于一个"新"字，不仅要说明新生事物的孕育、产生和发展过程，而且要指出它的背景。也就是说，要指出它是在什么样的环境和条件下产生的，经历了什么样的发展过程，遇到了哪些矛盾、困难和问题；不仅要说明它的性质和特点，而且要指明它的作用和意义，包括对其发展前景的预测和未来发展方向的展望。由于新生事物处于不断发展和完善的过程中，往往不够成熟，甚至存在某些弱点和不足，因此在结尾时一定要如实地指出它需要进一步完善的地方和可能带来的新问题，以便进一步改进和完善。

（4）揭露问题的调研报告写法。在揭露问题的调研报告中，标题往往多采用揭露式的，有的标题甚至还带有一定的感情色彩。例如，"主城区违法建筑触目惊心"这个标题不仅表明了调研报告的主旨，而且也表明了作者对这一问题的态度，能够起到强烈的警示作用，吸引读者的眼球。主体部分所反映的如果是一个具体事件，一般采用纵式结构；如果反映的是一种倾向和状况，多采用横式结构。在叙述完问题的主要事实后，要写出问题产生的原因、性质和危害程度。结束语有的可呼吁对问题予以重视或关注，有的可扼要提出解决办法或处理意见。

（5）考察历史事实的调研报告写法。这类调研报告的政策性和针对性较强，反映的事件往往也比较复杂。在这类调研报告中，正文的内容一般包括三个方面：一是事实的本来面目；二是被歪曲的情况；三是纠正和处理的意见。在写作这类调研报告时，事实真相与被歪曲的情况相矛盾的地方尤其要叙述清楚，要说明事实被歪曲的原因和有关的责任者。写处理意见时，态度要明确，办法要具体。如果问题正在处理和解决中，就要把进展情况写出来；如果尚有阻力，就要把问题尖锐地提出来，敦促有关部门尽快解决。

（6）研究探讨性的调研报告写法。这类调研报告的写作虽然取材广泛，但总是针对某个现实问题，或者紧紧围绕党委与政府的中心工作展开，通过研究和分析大量系统的材料探索解决问题的办法和途径，有时还要与不同的意见展开商榷和争鸣。在这类调研报告中，标题大多数采用直述主旨的方式，当然也可以采用提问的方式。例如，"打开宝岛的'金钥匙'在哪里——关于海南岛开发建设的调查"这种标题如果运用得当，既可以准确反映主旨，又能对读者产生较强的吸引力。由于调研报告的目的是探讨解决问题，因此应采取平和的、商榷的语气。在这类调研报告中，结束语既可采用归纳全文、强调主旨的写法，也可以采用提出需要进一步探讨解决的问题的写法。

总的来看，写调研报告时要注意克服四种问题：一是观点与材料脱节；二是材料不充分，不能说明观点；三是堆砌材料，没有从材料中概括出观点，缺乏分析与研究；四是表述不当。写作调研报告应尽量避免枯燥无味的语言，力争通俗、朴实、生动。要写出高质量、高水平的调研报告，需要按上述几类调研报告的要求谋好篇、布好局，还要兼具一定的文字驾驭能力。

第三章

事关全局的战略性调研报告

第一节　深度解读战略性调研报告

战略是特定主体在特定环境下对特定系统的发展目标、发展能力和发展行动进行的总体谋划和长远安排，即对战略体系的全局性谋划和长远策略安排。"战略"一词源于军事领域。春秋末期的《孙子兵法》强调"见胜"应"过众人之所知"，须"先胜而后求战"，主张"上兵伐谋""不战而屈人之兵"，被认为是我国较早对战争进行全局性、长远性战略筹划的著作。

一、战略性调研报告概述

目前关于战略性调研报告并未有统一的定义与内涵，笔者结合《方案》，认为战略性调研报告主要是指围绕对事关全局、事关重大的领域，并具有重要战略意义的课题开展的调研所写的调研报告，主要提出战略性的应对策略。

战略性调研报告的分类根据范围可以分为国家级、区域级、地方级；根据领域可以分为经济、科技、文旅、环保、能源等不同领域；根据主体可以分为国家、某省、某组织、某企业的战略性调研报告；根据时间又可以划分为长期、中期战略性调研报告。《方案》所提的战略性调研报告，笔者认为既要从国家的角度出发，也要从本地区、本单位，甚至子公司的角度出发，因为这些子战略的落实也都是为了更好地落实国家总体战略。

战略性调研报告主要具有以下特点。

极高的政治高度。《方案》就是号召全党开展调查研究务必要有政治高度，要更好为科学决策服务，为提高党的执政能力和领导水平服务，为完成新时代新征程的使命任务服务。战略性调研报告是从战略出发，围绕使命愿景而制定的。因此，编写战略性调研报告一定是为中华民族伟大复兴的使命服务的，一定是为国家的繁荣发展服务的，一定是为我党更好应对重大挑战、提升执政能力服务的，也一定是为构建人民的幸福生活服务的。

极高的战略高度。战略性调研报告如果不是研究战略方面的课题，也称不上战略性调研报告。因此，调研的主题要具有战略价值，关注重大战略方向，有表明趋势的关键数据，并给出战略级的解决对策与方案。一些具体问题的具体分析并不在战略考虑的范畴，战略解决的是影响生存发展的重大问题，解决的是发展方向、发展策略等方面的问题，解决的是全局性、长远性、系统性的关键问题。

极强的专业程度。战略问题本质上是跨学科、跨领域的多维度复杂问题，对战略问题的解析需要剖析不同维度的影响，将复杂的问题进行维度解耦，需要研究人员掌握每个专业维度的运转机制及运行机理，必须掌握宏观环境（包括政策、社会、经济、技术等各个宏观领域）相关情况，也需要掌握行业、市场、消费、社会学等知识。例如，讲到国家经济发展方面，就需要研究全球经济、发达国家经济政策及双边关系等；讲到科学技术方面，就需要研究最新技术发展趋势，考虑新技术对社会、对人民等的影响。

二、编写战略性调研报告应具备的素质与能力

对编写者而言，写战略性调研报告需要具备以下素质。

要有历史眼光。就是将事物和现象放到历史的长河中去考察，用发展的眼光来看待一切。曾经有位著名教授开展的一场"国际政治格局"讲座，他讲的本是现在，但其逻辑起点却是历史，特别是现代史上国际政治格局的变化。这让读者对当今的国际格局有了更清晰的认识，也对未来的走向有了基本的把握。"现在"，并不是一个孤立的时间点，而是一个不断由"过去"走向"现在"的过程。历史眼光的本质就是战略预见，能够从回顾过去、立足现在去前瞻性地把握未来。

要有全球视野。全球视野讲的是作为编写人员或编写组，最

好具有国际化的视野，关注国际国内发展形势，要从全球的角度看待中国、看待自身。只有站在国际视角，才能把握当今全球发展的趋势与人民的心愿，才能看出中国当前的"地位"与"定位"，才能知道如何进一步在全球竞争环境中脱颖而出，真正实现中华民族复兴的使命与价值。

要有宏观格局。在面对系列问题时，能够从整体上把握问题，不会被琐碎的细节所迷惑，而是能够具有更广阔的视野，看到更深远的影响，同时抓住关键的环节与路径，并不纠结于细碎的片段。

要有专业能力。一般战略性课题需要组建综合性复合型专业化研究团队，团队成员需要具备服务国家需求的科学知识、实践经验等基本素质；或在调查研究或报告编写过程中需要听取战略专家、政策专家、产业专家、经济专家等不同领域专家的意见，打破学科边界、融合知识体系、实现信息共享，使调查研究过程更加专业化、系统化和科学化。

要有保密意识。有的读者可能认为只有国防军工类课题才有保密要求，事实上一些商业秘密、工作秘密均需要保密。一般情况下，战略性课题战略等级越高，保密性的要求可能就越高，在某段时间范围内不宜向社会公布，避免被竞争对手知晓。一些过于尖锐、敏感的研究需要上报。因此，对编写组而言，要掌握课题保密要求，务必按要求做好保密工作。

从《方案》选题方向、范围来看，包括并不限于推进高水平科技自立自强、高新技术发展、经济发展战略、能源安全、粮食安全、乡村振兴战略方向等。开展战略性调查研究，编写战略性调研报告，就是为了支撑战略决策。

由于战略性调研报告站位高，选题一般需要契合一些重大战略方向及重点战略课题，因此能写好战略性调研报告的人，一般往往都是专门从事政策研究和咨询工作的机构，如国家智库（国务院发展研究中心、中国社科院、国家发展和改革委员会宏观经济研究院、军事科学院等）、高校智库（清华大学国情研究院、北京大学国家发展研究院、人民大学国家发展与战略研究院等）、地方政府智库（省市区委）政策研究室（上海国际问题研究院）、国企智库（中国石油集团经济技术研究院等）、社会智库（中国国际经济交流中心、综合开发研究院）。这些单位与机构已经具备足够的专业实力与专业素养，对某领域已经有专业的见解与观点，对发展趋势、表现数据有一定预测及积累，并经常关注该领域的世界局势、行业发展、国内现状、特色实践等情况，因此编写战略性调研报告具有得天独厚的优势。

可能很多初学者会问：这类调研报告是否就不用学了？其实不然，作为初学者，首先，可能很难接触到"规格如此之高""难度如此之大"的课题研究，一般战略性课题研究可能是个人独立完成，也可能是课题组共同完成。但是能够作为编写组成员加入，能够深度参与一个课题的研究，甚至参与一个大型课题调研报告的编写，就能得到很多锻炼，机会也是非常难得的。其次，战略性调研报告的选题不一定非得是国家各领域发展方面的大型课题，可以是区域型发展战略的调研课题，也可以是本地区发展战略的考量，或者本单位发展战略的考量，从范围上看可能相对较小，但是在本地区仍属于战略层面的思考，也能对区域或集团的发展有重要参考决策价值，也是很有意义的。同时，学习战略性调研报告的写法，重点是要掌握从战略角度看待发展的难点问题，能够极大提升洞察趋势的能力。最后，学习掌握战略性调研报告，掌握一些战略分析的方法与工具，能够对行业发展有独到的见解，可以说就具备了编制 3 ~ 5 年发展规划的能力，对于开阔个人视野、提升写作能力都有很大的促进。

第二节　怎么写事关全局的战略性调研报告

一、战略性调研报告如何选题

笔者从国务院发展研究中心对外公开的网站信息中摘取了相关战略性研究课题，报告分别为《美国对华科技脱钩的演进情境推演及对策建议》《全球粮食安全形势对中国影响及战略》《中国对外直接投资的发展趋势与战略重点》《日本人力资本战略的演进及其启示》《发达国家推行大数据战略的经验及启示》《我国全球农业战略的基本框架》等。可以看出，这些报告都具有"国家级"的高度。不论国家级战略、区域性战略还是更小范围甚至单个企业的战略，研究分析的课题的选题方法基本类似。

　　笔者这里主要介绍三种选题方法。**一是关注战略制定，**研究对战略制定的思考、研究新形势下战略的应对、研究新机遇如何把握、研究新的战略技术可能带来的战略影响、研究战略制定的重要影响因素等，从而助力决策层更好地制定相关战略。**二是关注战略分解，**把握战略的核心要义与重要组成部分，将战略分解为子战略、细分领域、关键内涵等组成要素，从这些要素出发，研究新环境下如何制定、新形势下如何应对、新困境下如何突破等课题。**三是关注战略实现，**从人才、机制、政策、资金、资源、国际关系、关键技术、数据等影响战略实现的关键要素出发，提出问题及对策，支撑战略或子战略更好地实现与落地。

　　笔者以科技发展这个领域为例，编写战略性调研报告，就需要围绕战略层面选题，结合刚才介绍的三种方法讲解。

　　第一种：关注战略制定。例如，自身战略思考、自身某些经验借鉴、外部发达国家科技发展的启示。举例：《新时代我国科技发展战略研究》《关于未来 10 年科技发展战略的几点思考》《发达国家科技发展战略的焦点及政策建议》《发达国家科技工业园发展对我国科技创新战略的启示》。

　　第二种：关注战略分解。科技发展战略按照领域可以分为交通、能源、工业、农业、生物等领域，可以聚焦这些子领域科技发展战略的制定。从内涵上，可以认为科技发展包含自主创新、卡脖子技术突破、国际创新合作、传统产业升级等方面，因此可以围绕这些方面进行选题。从关键要点上，航空航天、半导体研发、人工智能、自动控制、通信等是科技创新的重要要点，也可以聚焦这些要点进行选题。举例：《关于建立智能交通战略的思考》《我国农业科技改革发展的成就与问题》《科技强国卡脖子技术破局的策略研究》《关于航天发展的建议》等。

第三种：关注战略实现。从如何实现科技发展战略的举措入手，关注人才培养方面、高新企业帮扶方面、关键技术突破方面、政策与机制完善方面等。举例：《决胜新一轮科技竞争亟须加快数字人才建设》《高新产业集群建设的思考》。

二、战略性调研报告如何定结构

战略性调研报告主要提供相关战略性对策，可根据实际情况选择不同的写作框架。一般情况下，结构并不是一成不变的，笔者这里列举一些常见的写作结构——根据战略实施的阶段来划分结构。

（一）战略尚未制定的时候

为了更好支撑战略规划制定或优化而进行的一些调研，可

采取**"现状—宏观形势分析／问题分析—战略发展思考"**的写作
结构。

新能源将是我国未来发展的重要着力点之一，它将对保障国
家能源安全、推动环保事业、促进社会经济可持续发展等方面产
生深远的影响。如果对新能源战略开展思考，可以拟定调研主题
《我国新能源发展战略的思考》。

我国新能源发展战略的思考

一、我国新能源发展现状

二、全球新能源发展情况

（一）全球新能源装机情况、市场情况

（二）新能源技术发展趋势

（三）美国、欧洲等地区新能源发展策略

三、我国新能源发展存在的问题

四、有关新能源发展战略思考

（二）战略刚刚执行的时候

为了让战略执行效果更好、让战略策略进一步优化、推动战
略实现突破而进行的调研，从他人先进经验获得启示，可采取

"案例 / 分析—战略启示" 的写作结构。

足球是重要的体育运动，振兴中国足球是让我国成为体育强国的重要标志。我国可以从邻国日本学习青少年足球发展经验，可以拟定《日本校园足球发展对我国足球改革的启示》。

日本校园足球发展对我国足球改革的启示

一、日本校园足球发展情况

（一）日本体育联盟情况

（二）日本校园足球普及情况

（三）日本学校俱乐部情况

（四）日本足球有关保障机制（教练、经费、基础设施等）

二、对我国足球改革的启示

（一）大力推广校园足球

（二）大力支持足球场地建设

（三）战略执行到一定阶段的时候

为了解决前期出现的困难或问题，实现战略效果更优，可采取**"现状—问题—对策"**的写作结构。

　　如果某个地区正在执行乡村振兴战略，就可以拟定《某省乡村振兴战略实践探索》调研报告主题。

某省乡村振兴战略实践探索

　　一、×省乡村振兴现状

　　（一）国家乡村振兴战略要求

　　（二）×省乡村振兴战略目标

　　（三）×省乡村振兴战略重要实践情况

　　二、×省实施乡村振兴战略中存在的问题

　　（一）城乡资源配置存在失衡

　　（二）以城带乡能力存在不足

　　（三）农村土地制度存在欠缺

　　（四）乡村人才引流存在问题

　　三、×省实现乡村振兴战略的建议

　　（一）加大农村土地改革力度

　　（二）完善农业产业体系

　　（三）引导大学生返乡创业

　　笔者虽然介绍了几种常见的写作结构，但并不是只有这几种写作结构。第二章也提到了，结构既可以是纵向的，也可以是横向的。不论采用哪一种结构，重要的是把问题分析透，把观点说

到位，把建议说精准。

三、战略性调研报告如何写出"战略"的高价值感

评估战略性调研报告写得好不好，要看是否写出"价值感"，是否对战略目标实现给出可落地的对策与路径。笔者根据自身经验，从战略性调研报告的组成部分出发，分析提升"价值感"要做好"四个注重"。

（一）注重信息收集的稀缺性、及时性与有效性

战略性调研报告需要大量、及时的信息，信息本身就是情报，有内容的信息本身就具有价值，有价值的信息能够说明很多问题。那么，信息有哪些收集来源呢？

从国内权威网站或媒体收集。可以从以下政府网站或媒体获取相关经济、贸易、人口等统计数据，如国家统计局、中国人民银行、商务部、海关总署、国家税务总局、新华网、《人民日报》等。从一些国际信息统计机构和网站获取，如联合国人口基金、联合国儿童基金会、联合国环境规划署、国际能源署、联合国粮食及农业组织、世界卫生组织等国际权威机构网站。**从各类专业报告中采录，**如世界银行《全球营商环境报告》、联合国《世界人类发展报告》、国际货币基金组织《世界经济展望报告》、世界贸易组织《世界贸易报告》、联合国环境规划署《环境状况和趋

势报告》、国际能源署《世界能源展望报告》、联合国粮食及农业组织《粮食展望报告》等。**从和专家、学者、业内人士的交流获取。**通过与相关专家、学者、业内人士的访谈，了解行业内的最新动态、未来趋势、问题瓶颈等信息；或者通过与单位内部的高层管理人员、业务部门人员的沟通和交流，了解有关战略、业务规划、产品研发等信息。

当无法获取一些关键信息或数据时，有哪些方法可以获得有效的信息呢？

（1）问卷调查和统计分析是较为常见的方法，可以通过编制调研问卷单独针对某个群体调研获取重要信息。

（2）随着数据成为关键生产要素，通过互联网、大数据支撑调研成为新的范式，大数据可以用于挖掘有价值的信息，这类信息因为稀缺性、独特性能够从一些角度反映一些问题。比如，《某地区乡村振兴战略"空心村"现状及应对举措》，某地区通过电力大数据应用，通过研究和构建空心村识别规则，利用电力数据测算地区空心率，智能识别空心村，为政府在乡村公共治理、基础设施建设投资、人口监测管理等方面提供建议。这就是应用了电力大数据，这类型的调研报告课题组需要有大数据专业人员，针对调研主题建立有效的大数据模型，确保数据建模分析客观有效。目前越来越多的调研报告采取大数据这种模式开展，如从跨区域交通出行数据看人口迁移、从海量消费数据看服务产业变革等。

（二）注重整体现状的客观性与系统性

客观性是指对工作现状的描述要客观。由于数据具备天然的客观性，因此需要多用数据及大量客观事实进行描述，通过大量调查数据展示实际情况，而不是主观臆断，同时要全面审视目前的总体情况，要抓取到有价值、有代表性的数据，现状是客观的，观点是主观的，我们要通过系列的客观数据推导出有价值的观点与结论。

如果要对 2022 年经济情况进行描述，就要找到有代表性的数据及客观的事件。从以下例子的分析数据，对于 2022 年经济的特征之一就可以得出结论"主要经济指标波动加大"。

从经济增速看，2022 年以来受新冠肺炎疫情、基数等影响，季度 GDP 增速存在明显波动。第一季度、第二季度、第三季度 GDP 同比增速分别为 4.8%、0.4% 和 3.9%，总体呈现 V 形变化特征。其中，第二季度增速创 2020 年新冠肺炎疫情发生以来新低。从供给端看，前 11 个月工业增加值同比增长 3.8%，月度增速呈现 M 形变化趋势，2 月达到 12.8% 的年内最高点后增速水平快速回落，至 4 月已降至 −2.9%，随后增速逐步企稳回升，至 9 月再次触顶回落，11 月同比增速仅为 2.2%；1—11 月服务业生产指数同比下降 0.1%，月度增速呈现 N 形变化趋势，3—4 月增速水平迅速回落，8月已回升至1.8%的年内最高点，之后再次进入下行通道。从需求端看，前11个月社会消费品零售总额同比下降0.1%，低于上年同期13.8个百分点，月度增速水平变化特征与服务业基本一致，呈现先减后增再减的N形变化趋势；投资增速总体呈现下行态势，1—11月全社会固定资产投资完成额同比增长5.3%，增速与上年同期基本持平，较2022年2月下降6.9个百分点；外贸出口高位回落，前11个月出口增速同比增长11.7%，月度增速由7月的24.1%迅速降至11月的0.7%，降幅高达23.4个百分点。

　　——摘自《中国物价》2023年第1期《2022年经济形势分析与2023年展望》[①]

　　系统性是指不能只取一个节点、谈一个方面、看一个方向的情况，而是要从全局性、长远性的视角来看，从系统性的维度、各个关联因素展开，从全盘中看透发展现状，找出重要的发展规律，才能形成明确的观点。

　　如果要分析电动汽车市场发展现状，如何体现分析的系统性呢？可以从以下几个维度整理素材，国家统计局发布了多个与汽车行业相关的官方统计数据，如汽车产量、销量、进出口数据

---

① 有删改，余同。

等。一是可以查询 2019—2022 年的销量数据，看发展速度如何；二是可以查询电动汽车市场份额，看市场占有如何；三是可以分析电动汽车主要厂商情况，如主要车型与销量等，看市场竞争如何；四是可以分析政府出台的对电动汽车发展有利的政策及规划安排等，看政策支持如何；五是可以分析充电设施情况，总充电桩发展数量，看基础设施如何。将这些维度分析完了，根据调研的结果自然而然就可以得出相关结论"2019—2022 年，中国电动汽车发展现状表现出销量增长、市场份额增长、制造商竞争、政策支持、充电设施建设和技术创新等趋势。中国政府对电动汽车的支持和鼓励，以及电动汽车制造商在技术创新方面的不断努力，都将为中国电动汽车市场的发展提供有力支持"。

（三）注重问题分析、形势分析的逻辑性与透彻性

战略性调研报告经常会写到问题分析与形势分析，**问题分析、形势分析如果很透彻，自然就有应对举措**。在写报告的过程中，也要重点关注推导的逻辑性，通过数据得出的观点要有推导合理性与事实依据。

关于问题分析方面，首先要找准关键性的问题，找准那些影响到战略的关键因素，然后要重点分析该问题产生的原因、背景，揭示这个问题的根源及形成机理，在具体写作过程中，要将分析的观点与事实依据进行有机结合与统一，论证务必要有逻辑

性与合理性，并且紧扣观点。

以分析中国旅游经济存在的问题为例，可以先收集并头脑风暴列举所有问题（如旅游涨价问题、导游素质不高、景区吸引力不足、商业化过度开发、强制购物等体验不好等问题），然后根据重要程度排序，并将重复的、类别相似的进行归并处理，适当对问题进行规划，并进行详细分析论证。

关于形势分析方面，也要找到关键的影响要素，并对每个要素逐层分析，避免从形势直接到观点，避免缺乏论证过程。

以地缘战争举例，可以从多个方面分析地缘战争对我国粮食的影响，包括以下几个方面。

粮食生产和出口情况。 某些战争可能会对战争国的粮食生产和出口造成影响。如果粮食生产和出口量减少，可能会导致我国粮食进口压力增大。

贸易关系。 地缘战争可能会对我国与战争国的贸易关系造成影响。如果贸易关系受到影响，可能会导致我国粮食进口和出口受到限制。

国际市场供求关系。 地缘战争可能会对国际市场的供求关系造成影响。如果国际市场供求关系发生变化，可能会对我国粮食进口和出口造成影响。

我国粮食市场的供求关系。 可以分析我国粮食市场的供求关系，包括我国粮食的产量、进口量、消费量等，并从中推断出地缘战争对我国粮食市场的影响。

预测未来趋势。基于已有的数据和分析结果，预测未来可能出现的趋势和发展方向，以更好地为国家决策者提供有针对性的建议，以应对未来的挑战和机遇。

举个例子，如果地缘战争导致战争国的粮食生产量和出口量减少，可能会导致我国粮食进口压力增大。在这种情况下，我们可以分析我国粮食市场的供求关系，并预测我国粮食价格可能会上涨，进而影响我国的粮食进口和消费，可能短期内会加剧我国的粮食安全问题。因此，应对措施也有了，如增加粮食进口来源的多样性、加强国内粮食生产和储备能力、推进粮食科技创新等，以减小地缘战争对我国粮食的影响。

（四）注重应对对策的指导性与关键性

一般调研报告的对策的写法在第二章已经谈到了，战略性对策相比一般对策的制定需要具有"战略"价值，笔者列举了以下关注重点。

一是要重点考虑"战略关键点"。"战略关键点"首先一定要精准指导，一定要足够关键，能起到"战略"落地的关键作用，也就是要起到"四两拨千斤"的效果，用极少的战略资源完成重要的战略路径。例如，国内要发展电动汽车产业链，实现新能源汽车供应链成熟化建设，可以考虑引入特斯拉，即引入特斯拉就是战略关键点。

2021 年 1 月，《经济日报》刊登了中国社会科学院工业经济研究所课题组撰写的《高质量推动中西部城市圈发展的思路》。这篇报告指出，中西部地区要想缩小与东部的差距，可以从四个方面入手。一是加大政策上的支持力度。加快探索推进在重庆、成都等有条件的西部城市设立全国性证券交易所和期货交易所；可考虑在中西部培育综合性国家科学中心，建设全球领先的重大科学装置，培育国家创新中心城市；支持中西部地区中心城市举办国家级对外交流活动，打造对外开放新窗口。二是充分发挥中心城市的辐射带动作用。依托中心城市，深化"放管服"改革，破解行政区划对要素流动的制约，并稳步推进"郑洛西"城市圈、武汉城市圈建设，形成具有中西部特色的城市圈建设示范模式与路径。三是优化区域产业布局。以产业体系转移的思路替代产能转移的思路，通过承接产业链各环节的要素、资源，在中西部城市圈增强先进制造业和现代服务业的构链、筑链和强链能力，不断释放内生增长动力；调整中西部各经济区域内产业布局，鼓励城市间依托自身要素禀赋开展差异化竞争，合理布局产业链。四是激发中西部城市圈的消费潜力。顺应电子商务、移动支付等互联网应用在中西部地区快速增长的态势，用好新销售模式，发展新消费，不断缩小中西部与东部地区之间在消费环境上的差距，激发消费潜能，为消费持续增长提供动力。

其中，加快探索推进在重庆、成都等有条件的西部城市设立全国性证券交易所和期货交易所就是"战略关键点"，这对中西部城市圈发展极具重要价值。

二是重点考虑如何将劣势转化为优势。例如，前文已经剖析很多劣势，劣势想迅速转变为优势需要更换维度，因为在原有的维度考量，劣势是无法转化为优势的。以产业发展战略为例，在历史上多数的情况，如果只是靠着比较优势，而没有靠后发优势，一般都会被锁定在一些落后产业当中，最后跳不出来，不能得到发展。

三是重点考虑如何将优势转变为胜势。比如，某地区有一些高新产业，集群规模还不够，若继续大力投资，一定程度上会加速产业发展，但是还不足以实现快速达到集群规模，如何在更短的时间内将优势转变为胜势，仅仅靠大力投资肯定不够，仅仅靠培育新产业也需要时间，也许最具有战略性的做法是，抢抓新能源发展机遇。例如，某城市直接入股投资某新能源汽车，直接引入了新能源生态产业链，GDP 实现大幅增长，这种"大项目—龙头企业—产业集群"的招商思路就是高价值的战略性举措。

最后，也请各位读者注意，制定策略务必要契合问题分析，问题分析与策略制定是密切关联的，而不是独立、孤立的。

第三节　好文解析

2021 年 3 月，《台州日报》刊登了文章《风从海上来 旅游向东看 加快台州滨海旅游业发展的战略思考》。这是一篇从地市政府视角思考旅游业发展战略的文章，感兴趣的读者可以在互联网上搜索全文阅读学习。笔者在此简要分析此篇文章的结构与内容。

首先在结构方面，这篇文章标题与结构逻辑清晰，深入剖析该地区旅游业发展的策略与具体做法。它共六部分内容，分别从现状、形势、优势、规划、布局、重点举措等维度讲清该地区滨海旅游发展的思考与安排。

如果要编写以"加快某地滨海旅游业发展的战略思考"为主题的调研报告，通常的结构可能是"该地滨海旅游业现状""'十四五'时期面临的形势""下一步战略思考与关键举措"，但是该文作者在文章中有一个"巧思"，就是在分析现状时，作者将滨海旅游的现状分析与形势分析独立成第一部分，一方面是为了论述滨海旅游是旅游业里很重要的组成部分，另一方面是为了对滨海旅游未来的发展形势进行简要描述。同时，从各部分标题来看，相比于传统的调研报告标题，其更具有活力与特色。

以下是该文框架展示。

风从海上来　旅游向东看

加快台州滨海旅游业发展的战略思考

一、蓝色为媒，滨海旅游成为旅游业发展的重头戏

二、蓄势待发，台州滨海旅游迎来前所未有的机遇

三、依山面海，台州发展滨海旅游具有得天独厚的条件

四、陆岛联动，谋划"一带两圈"台州旅游空间新格局

五、统筹布局，"三个打造"引领台州滨海旅游业发展

六、需求导向，点线面结合打造台州滨海旅游新卖点

※节选自《风从海上来　旅游向东看　加快台州滨海旅游业发展的战略思考》

我们先来看开头部分。第一段、第二段重点描述了旅游业在国民经济中的重要地位，并引用了总书记的讲话作为重要指导与依据。我们在描述某物的重要地位时，可以引用重要领导人的指示、上级精神等，也可以通过数据来表明其重要性、独特性。

第三段、第四段重点描述了台州旅游发展所取得的成果成效，并提出"十四五"期间要继续发展的引子，下文自然就要衔接"十四五"期间到底该怎么干的内容了。

　　旅游，承载着人们对美好生活的向往。旅游业作为五大幸福产业之首，既是重要民生工程，也是新常态下的经济增长点，在国民经济中占据越来越重要的战略地位。

　　习近平总书记高度重视旅游业发展。他指出"旅游业的兴起，是经济发展、社会进步和人民生活质量提高的重要标志。旅游业资源消耗少、投资效益高、发展前景好，在国民经济发展中具有十分重要的地位，对拉动经济增长，调整产业结构，增加社会就业，扩大市场需求，改善投资环境，丰富文化生活，推动社会事业进步等方面都具有独特的作用"，他要求"不断加强各类软硬件建设，推动旅游业大发展""全域旅游要坚持走下去"。

　　"十三五"期间，台州旅游业蓬勃发展。2015 年至 2019 年，全市共接待国内外游客从 7 436.03 万人次增加到 13 169.58 万人次，年均增长 15.36%；旅游总收入从 749.25 亿元增加到 1 470.08 亿元，年均增长 18.35%，文旅产业规模不断壮大。目前，全市拥有 100 家国家 A 级旅游景区、35 家星级饭店、168 家旅行社、46 家高等级民宿、10 家省级旅游风情小镇、3 家 A 级景区城、34 家 A 级景区镇、1 059 家 A 级景区村庄。仙居县创成国家全域旅游示范区，临海、天台、三门为省级全域旅游示范区，天台石梁镇入选首批浙江省山地休闲旅游发展试点，天台寒山、仙居淡竹入选全省首批民宿助力乡村振兴改革试点。

"十四五"期间，台州市旅游业要努力找准在国家和全省战略中的定位，既要保持名山和古城旅游优势，打造"天台山—神仙居—台州府城"世界旅游景区，也要实施"旅游向东看"战略，加大台州东部滨海带旅游开发，做大、做强、做亮"海"的文章，建设滨海大花园，树立台州旅游的新形象，打造山海台州新格局。

※节选自《风从海上来　旅游向东看　加快台州滨海旅游业发展的战略思考》

该文第一部分重点介绍了台州滨海旅游的现状。在分析现状时，并不是直接表明滨海旅游的现状，而是从大到小，先分析全国旅游业的发展现状，逐步落脚到滨海旅游。我们在写现状分析时，一定要有结论或核心观点，该文第一部分的标题"蓝色为媒，滨海旅游成为旅游业发展的重头戏"就是观点，而后通过对滨海旅游的现状分析与未来研判来支撑这个观点。

一、蓝色为媒，滨海旅游成为旅游业发展的重头戏

自然资源部统计数据显示，自 2012 年起，我国滨海旅游业增加值不断提升，到 2018 年达到 16 078 亿元，占海洋产业总产值的 47.80%。2019 年实现增加值 18 086 亿元，

比上年增长 9.3%，占主要海洋产业增加值的比重为 50.6%。其中 2017 年 3 月至 2018 年 2 月，我国滨海旅游市场规模达 10.6 亿人次，约相当于同期国内旅游市场的 21.1%。由此可见，碧海蓝天、海浪沙滩、海鲜美食，加上丰富多彩的水上运动，以海岸带和海岛自然人文景观为依托的滨海旅游业，已开始领跑我国海洋经济增长。

放眼全球，滨海旅游亦是一派蓬勃，特别是在建设"21 世纪海上丝绸之路"的大背景下，滨海旅游快速发展，日益成为广大群众旅游消费的新热点。无论是观光休闲、避暑疗养，还是回归自然、放松身心，海洋海岛都是优选空间和理想场所。根据《世界海岛旅游发展报告（2019）》，目前全世界范围内有超过 70 个海岛旅游国家和地区，超过 40% 的海岛旅游目的地旅游收入对 GDP 的贡献率超过 20%，世界海岛旅游业出口总值达到 610 亿美元。2018 年全球国际旅游人次达 12.79 亿，收入达 1.59 万亿美元；全球国内旅游人次达 108.2 亿，收入达 3.76 万亿美元；海岛游是其中重要的组成部分，中国出境游 1/3 人次是海岛游。近二三十年来，滨海旅游经济持续增长，已成为沿海城市发展旅游产业的重点。

有专家预测，我国滨海旅游业长期向好，未来沿海及海岛地区接待游客人数有望保持年均 20%~30% 增速，前景值得期待。我们认为，2003 年"非典"催生了中国乡村旅游的勃发；2020 年新冠肺炎疫情将催生滨海旅游成为中国旅游业的"新宠"，海南旅游一房难求。

　　浙江省作为我国拥有最多海岛、最长海岸线、第二大海域面积的省份，滨海旅游呈现强劲发展态势。2018 年浙江海岛地区接待游客接近 1 亿人次，总收入超过 1 500 亿元。滨海旅游成为海洋经济新亮点，对满足人民群众对美好生活的向往发挥着重要作用。

　　※ 节选自《风从海上来　旅游向东看　加快台州滨海旅游业发展的战略思考》

　　该文第二部分重点开展形势分析，从上级政策、省级规划入手进行介绍，强调了省里关于旅游发展的安排。形势分析是战略性调研报告中非常重要的部分，分析的结论、方法都可能直接影响后续的发展策略。该文的形势分析逐步向下延伸至地市，立足浙江省旅游业发展"十四五"规划，借助全省发展资源与方向，将"台州滨海旅游"打造成"最美黄金旅游海岸线"的重要组成部分甚至是关键组成部分，是台州滨海旅游发展的重点之一。

二、蓄势待发，台州滨海旅游迎来前所未有的机遇

《中共中央关于制定国民经济和社会发展第十四个五

年规划和二〇三五年远景目标的建议》指出，要"推动生活性服务业向高品质和多样化升级，加快发展健康、养老、育幼、文化、旅游、体育、家政、物业等服务业，加强公益性、基础性服务业供给""坚持陆海统筹，发展海洋经济，建设海洋强国""推动文化和旅游融合发展，建设一批富有文化底蕴的世界级旅游景区和度假区，打造一批文化特色鲜明的国家级旅游休闲城市和街区，发展红色旅游和乡村旅游"，台州滨海旅游带的开发完全契合国家战略。

根据浙江省旅游业发展"十四五"规划谋划的初步框架，"诗画浙江"空间布局是"4+1"，即四条诗路加一条黄金海岸带，强调要"大力发展滨海旅游项目，打造中国最美黄金旅游海岸线""努力建成'诗画浙江·海上花园'中国最佳海岛旅游目的地"。最美黄金旅游海岸线南到温州，北到舟山，建成后必将成为浙江旅游核心吸引物，但当前滨海旅游仍未见长，因此今后十年将会是全省旅游发展的重头戏。大陈岛、石塘半岛、玉环岛、蛇蟠岛、大鹿岛等作为这条海岸线上的重要节点，应抓住机遇，大力发展海洋海岛旅游，构建海洋牧场、海洋运动、海水康疗、海洋食品养生等海洋旅游产品体系，开发邮轮游艇、休闲度假岛、海洋探险等高端旅游产品，打造中国最美黄金旅游海岸线样板区和重要节点，打造诗画浙江·海上花园中国最佳旅游目的地。

"十四五"时期，台州市全力推动"全域旅游"的同时要重点突破，实施"旅游向东看"战略，加大东部滨海带旅游开发，依托东部县（市、区）海岸带，大力发展海洋海岛旅游，打造一批以海洋、海岛为特色的旅游龙头项目，集中力量做强海洋这篇文章，着力解决全市域旅游发展区域不平衡、不充分问题，将台州"山海水城""中国最具幸福感城市"美誉转化为可感受、可体验、可回味的休闲度假旅游胜地，为构建全省大花园、全域旅游新格局贡献台州力量。

※ 节选自《风从海上来　旅游向东看　加快台州滨海旅游业发展的战略思考》

该文第三部分重点分析了台州的"海"的优势，相关的主题句式很亮眼，如"台州的'海'具有强大的文化地理基因""台州的'海'具有扎实的客源市场基础""台州的'海'具有重塑全市旅游空间格局的潜能"。这部分内容也将台州的"海"的潜力与特点进行了分析，分别从"文化""区位""潜能"入手，体现"台州的海"的优势。

三、依山面海，台州发展滨海旅游具有得天独厚的条件

台州的"海"具有强大的文化地理基因。台州是中国黄金海岸线上一个年轻的滨海城市，位于浙江沿海中部，兼得山海之利，发展滨海旅游具有得天独厚的条件。台州海域辽阔，形胜险要，著名人文地理学家王士性曾有过这样的描述："吾浙十一郡，唯台一郡连山，另一乾坤，围在海外，最为据险。"杜甫称赞"台州地阔海冥冥，云水长和岛屿青"。台州海洋文化博大精深，这里既有历史悠久的海洋渔业文化、多姿多彩的海洋民俗文化、源远流长的海港商贸文化、千古传承的海塘水利文化、可歌可泣的海防海疆文化，还有独具魅力的海岛旅游文化、浩气长存的海洋军事文化和富有特色的海鲜餐饮文化。横向对比长三角城市群 26 个城市，台州凭借丰富的海洋旅游资源和海洋文化底蕴，成为最能体现"大山大海"地理格局的沿海城市。

台州的"海"具有扎实的客源市场基础。长三角是全国经济的龙头，世界级的城市群，人口总量大、民富程度高，不仅是全国规模最大、消费能力最强的客源地，而且是重要的旅游目的地。台州地处长三角南翼、浙江"南北中心点、海陆交界处"，兼得山海之利，群山怀抱，依海而兴，是长三角城市群 26 个城市的核心成员之一，是 21 世

纪海上丝绸之路的重要节点城市。台州旅游如果能够在长三角区域脱颖而出、向前移位，既能吸引最大的客源地市场，深度融入长三角经济圈，产生显著的经济效益和社会效益，又能借梯登高，顺利打开走向全国乃至海外的市场通道。

台州的"海"具有重塑全市旅游空间格局的潜能。改革开放以来，尤其是进入 2010 年代之后，以天台山、神仙居两个 5A 为特色的山岳型景区异军突起，台州府城创 5A 也迈出了坚实步伐，天台、仙居和临海以鲜明的个性、独特的魅力，共同建构起台州旅游的高原，"山"的文章可谓精彩纷呈、可圈可点。但在"山海水城""大山大海"的旅游资源结构中，全市海岸带旅游资源开发力度明显不足，尚未形成有质有量的旅游拳头产品和重要品牌，"海"的文章亟待破题。

"十四五"时期，需要在决策层面和执行层面、在行政层面和市场层面、在体制机制和资源配置等方面，迅速达成实施"旅游向东看"的战略共识，及时调动沿海县（市、区）的积极性、主体性，发挥政府的主导作用和市场的主体作用，这是推动台州旅游产业全域升级和高质量发展的题中之义。

※ 节选自《风从海上来　旅游向东看　加快台州滨海旅游业发展的战略思考》

在该文第四部分，作者谋划了台州滨海旅游的战略规划——"一带两圈"，并准确定位，强化台州滨海旅游形象，确立"山海台州、和合仙境"旅游形象总体定位。

四、陆岛联动，谋划"一带两圈"台州旅游空间新格局

新时期迎来新需求，新征程呼唤新格局。"十四五"时期，努力构建"一带两圈"台州旅游空间新格局。

"一带"，即依托海岸带的海洋休闲度假旅游带，打造中国最佳海滨风情旅游线。台州海洋休闲度假旅游带，北起蛇蟠岛，南达大鹿岛，串联台州沿海"三湾六岛九门"，资源禀赋及空间条件都具备打造最具东海特色的海岛风情旅游线的坚实基础。这里的三湾，即台州湾、三门湾、乐清湾。六岛，主要指大陈岛与一江山岛、头门岛与东矶列岛、蛇蟠岛、石塘半岛、大鹿岛与鸡山岛、海山岛。九门，是指沿海比较有名的九个门，如海门、头门、旗门、坎门、漩门、松门、楚门、龙门、横门等。

台州海洋休闲度假旅游带，南北陆上交通以沿海高速G1523为主轴、国道G228和省道S226等为副轴，串联沿海主要景区景点，打造150公里的"中国最美东海景观大道"。自北而南串联以下重要景区和资源：蛇蟠岛、三门核电站、健跳港、木杓沙滩、扩塘山岛、桃渚古城风景旅游

度假区、长屿硐天、石塘半岛、玉环漩门湾国家湿地公园、大鹿岛、鸡山岛、海山岛等。沿海高速及高等级国省道、相关县乡道，应按照最美公路要求进行景观改造，借鉴美国1号公路做法，加强对自驾车旅游线进行景观设计和功能配套，构建旅游大通道。第一个"圈"，即"都市文旅圈"，打造中心城市文化休闲旅游圈。以椒江、黄岩、路桥三个中心城区为节点，构成一个城乡一体的中心城市文旅圈，将中心城区建设成为台州文旅的信息中心、集散中心、交通中心、服务中心和旅游商贸中心。主要景观涉及章安故城、海门卫城与台州港区、海防文化与海港经济、智马小镇、沃尔沃小镇、绿色药都、台州湾野生动物园、十里长街海商文化长廊、绿心、澄江两岸、鉴洋湖湿地、划岩山、原大石化区块、洪家场浦水利风景区、香严禅寺等。

第二个"圈"，即"5A文旅圈"，打造台州西部诗路文化与山岳生态休闲旅游圈。该圈以临海市、天台县、仙居县为主体，共同构成以名山和生态景观为特色的文化旅游圈。以传统旅游资源为特色，有代表性地展现台州的山岳文化、古城文化、和合文化和佛宗道源、唐诗之路等，打造成为长三角乃至全国诗路文化生态旅游的样板。将天台山、神仙居两个5A景区和正在创建5A的台州府城文化旅游区作为主要支点，以诗路、府城、仙山为主要文化内涵，以天仙配、唐诗之路等主题串联景点和相关体验，根据多样化的市场需求，设计一系列集观光、休闲度假、体验为一体的高质量产品。

准确定位，强化台州滨海旅游形象，确立"山海台州、和合仙境"旅游形象总体定位。"山海"概括了台州的地理框架和旅游吸引物的基本特征，能够彰显台州山海兼得的旅游资源形象，从而提升竞争力。长三角城市群，地狭人稠，大山大海旅游资源相对欠缺，而这恰恰是台州的资源优势所在。主打山海牌，可以在长三角地区持续形成较大的品牌效应和互补效果。"山海台州"，作为大家熟知的文旅品牌，经过几年来的宣传推介，已为多数人所接受。此外，"山海台州"与"诗画浙江"相呼应，体现了台州在全省发展格局中的独特性符号。

"仙境"既强调了台州自然风光优美之特色，也与台州的"仙"文化相匹配。台州有"仙"也有"境"，台州"仙"的文化特色鲜明，不仅有仙居之名自带仙气，而且有天台山刘阮遇仙之神话传说和文天祥赞美台州"海上仙子国"的意境等，说明"仙"在台州有深厚的文化基础。以"和合"与"仙境"组合，也是对台州"和合圣地"城市形象的有机呼应，更充分考虑了旅游市场引力特征，有利于树立比较清晰的视觉形象。

　　和合文化是台州传统文化中的精华，台州是中华和合文化的重要发源地。"和合仙境"蕴含着和合美、崇高感和优美感，呼应"美丽中国"、美丽浙江大花园、新时代美丽台州建设这一美丽图谱。围绕"美丽"做文章，从美丽城镇到美丽乡村、美丽风景，上下贯通、一气呵成。

　　以"风从海上来，旅游向东看"强化滨海旅游形象。随着时代的发展、开发格局的变化、消费业态的升级，文旅形象的定位也需要与时俱进，重新提炼。以"风从海上来，旅游向东看"作为"十四五"台州旅游发展基本战略，能够不断强化台州滨海旅游形象，抢占大众旅游市场，尤其是年轻人市场。相关统计显示，中国滨海旅游人群中"00后"占比 21%，"90后"占比 16%，"80后"占比 28%，三个年龄层占据总人次的 65%。其中"00后"群体占比明显，已成为滨海旅游新的消费主力。得青年者得天下，赢得年轻人，才能赢得台州旅游业的未来。

　　※ 节选自《风从海上来　旅游向东看　加快台州滨海旅游业发展的战略思考》

　　该文第五部分描述了台州滨海旅游战略发展路径，分别是"打造滨海旅游重镇""打造'千里沿海绿道'""打造'台州100'IP"。

五、统筹布局，"三个打造"引领台州滨海旅游业发展

打造滨海旅游重镇，引领滨海旅游业态发展。一是要强化台州中心城市旅游功能，使中心城市成为台州"H"形旅游发展框架中灵江旅游发展轴与东部海洋旅游带的旅游依托中心。二是增强临海、三门、温岭、玉环城市对海岛的依托功能，注重加强城市与海岛旅游腹地各要素的流通与合作，提高交通便捷性。三是打造滨海旅游重镇。按照"海湾型、多组团"和"三轴三廊三片十六组团"的台州海洋发展空间布局，打造蛇蟠乡、健跳镇、桃渚镇、头门港区、大陈镇、黄琅片区、石塘镇、鸡山乡、海山乡、坎门等十个旅游重镇。四是积极布局建设滨海旅游带旅游集散中心等功能设施，丰富旅游咨询、特色住宿、美食游购等功能，连接高铁、公交车、自驾车、自行车等多种交通方式，形成网络化、便利化服务体系。

打造"千里沿海绿道"，引领陆岛联动项目开发。建设台州连接三门湾与乐清湾的滨海休闲绿道，既可作为连接南北交通道路，又能有效整合台州沿海的各类资源，促进沿海经济带建设，还可作为发展休闲健身旅游的重要场所。一是依托滨海县道、乡道，不断延伸滨海绿道体系，建设滨海休闲绿道南北轴线；二是借助海塘防台御潮建设，进行生态化改造，拓展海塘综合功能；三是整合周边景观资

源旅游带，一线贯之，丰富台州沿海旅游的内容；四是以绿道建设为轴线，建设滨海休闲、体育、观光旅游产品；五是加快滨海绿道建设与沿线经济互动发展，带动沿线的农家乐、渔家乐、渔业旅游等产业的发展；六是以建设滨海绿道为示范，勾画与延伸全市绿道体系。

打造"台州100"IP，引领陆海联动旅游产品开发。"一带两圈"与"台州100"是同一概念的两种不同形象化表述。对"台州100"，还可以进一步赋予许多重要内涵，策划设计出"十四五"文旅工作的一系列抓手，比如，依据"台州100"文旅高质量发展目标，策划设计追求文旅服务100分、游客满意度100分的具体工作安排；编制着力打造台州100个优秀A级景区、100家精品民宿、100个特色休闲康养乡村、100个研学旅游产品、100道台州名菜、100个文旅故事，培养100位金牌导游的工作计划和配套政策，等等。

※ 节选自《风从海上来　旅游向东看　加快台州滨海旅游业发展的战略思考》

该文第六部分描述了台州滨海旅游发展的重要着力点，主打"三个卖点"，分别是"构建海洋文旅融合示范区""打造滨海新时代美丽园区示范带""打造特色鲜明的滨海旅游先行区"。其谋划层次清晰、特色鲜明。

六、需求导向，点线面结合打造台州滨海旅游新卖点

多模式融合，构建海洋文旅融合示范区。依托大陈岛、温岭石塘、桃渚古城、蛇蟠岛、大鹿岛、临海桃渚国家级地质公园，做足海洋军事文化、海洋渔业文化、海洋丝路文化、海洋民俗文化、海洋采石文化、海洋宗教文化、大陈岛垦荒文化、海洋艺术文化、海鲜餐饮文化、海塘水利文化文章，推进文旅融合，创新升级文化资源活态展示，鼓励支持文化创新与创造，构建旅游主导功能的旅游景区型、旅游辅助功能的旅游产业融合型、旅游互动功能的旅游——产业园区互动型等多种文旅融合模式。

三区融合，打造滨海新时代美丽园区示范带。台州海滨带既集中了十多个产业园区，也拥有资源十分丰富的旅游景区，要坚持园区综合发展与产业带动的核心理念不动摇，将休闲化融入其中，打造多产互动和景区、社区、园区相融合的滨海新时代美丽园区示范带。台州沿海拥有1个国家级海洋自然保护区、2个国家级风景名胜区、1个国家地质公园，空间分布上与产业园区呈现出旅游线路匹配性特征。美丽园区是园区在新时代开放平台建设的目标追求，旅游发展与沿海产业带具有互动促进关系。按照生产、生活、生态"三生融合"，以旅游功能倒逼陆海污染联动治

理和区域生态环境修复，加强生态资源保护与景观改造，积极推动沿海本底资源绿化与美化升级。根植文化灵魂，推进文旅融合，凸显探幽访古、康养度假、激情运动、缤纷美食等康乐活力特色。深入推进滨海生态田园、绿色园区、美丽城镇、魅力乡村等美丽经济载体建设，景区、园区、社区共融推进，助推台州沿海产业带的产业园区生产生活特色美、绿色生态环境美，打造成为新时代美丽园区示范带。

重点引领，打造特色鲜明的滨海旅游先行区。发展滨海旅游，台州沿海各县（市、区）要发挥各自优势，特色发展，同时要串珠成线，打包呈现。台州"北大门"三门处于全省"大湾区"中心地段，有着得天独厚的资源、区位禀赋，加上秀丽的海岸、鲜甜的美食、富氧的空气，要放大优势、挖掘潜力，加快打造"湾区旅游示范"。临海桃渚古城风景名胜区以省级"旅游风情小镇"为平台，挖掘国家地质公园、国家级文物保护单位的资源优势，全面融入台州旅游市场，以管理体制创新为要务，与头门港、东矶列岛一体化建设，加快构建综合型风景旅游区和旅游经济特区。椒江大陈岛是台州城市精神的发源地，要围绕"现代化海岛示范区"打造浙江红色旅游第一岛，围绕"海峡两岸交流示范岛"打造对台旅游高地，在"浙江生态渔业示范区"基础上打造以大陈黄鱼为特色的"海洋牧场""海鲜美食旅游区"和"吃在台州"体验地。完善陆岛交通和码头、防潮、渔港、环岛公路等海岛基础设施，围绕"生态美丽岛"建设，打造浙东"海上花园"，切实发挥台州"旅游向东看"战略的龙头作用。温岭石塘半岛"大海、阳光、沙滩、石屋、渔港"特色鲜明，与其他世界级旅游目的地相比也不逊色，要尽快制定石塘半岛发展总体规划，为石塘半岛打造"国家级旅游度假区、世界级旅游目的地、中国民宿第三极"奠定坚实基础。玉环是台州南大门，以"海洋文化""海岛文化""海俗文化"和"移民文化"为引导，以"浪漫爱情""文艺诗歌""海洋文博""农旅美食"为主题，把玉环建设成浪漫之岛、诗歌之岛、神奇之岛、康养之岛，打造成中国美丽休闲海岛城、华东首选蜜月爱情岛、东海最美黄金海岸线枢纽、浙台经贸旅游交流样板区。

※节选自《风从海上来　旅游向东看　加快台州滨海旅游业发展的战略思考》

总体来看，这篇文章结构新颖、思考深入，战略规划务实清晰，文字优美，通俗易懂，对台州滨海旅游的发展进行了缜密的思考，是一篇比较有代表性的战略性调研报告。

　　从战略性调研报告的角度出发，笔者认为本文仍有继续挖掘的"价值空间"，如可以适当增加对"存在不足"的分析，可以与热度较高的"三亚热带滨海旅游"进行对比，寻找自身不足，也可以与省内其他滨海城市、海岛进行对比，寻找自身不足。将不足分析透彻，可使未来的战略安排更加具有针对性。

第四章

破解复杂难题的对策性调研报告

第一节　深度解读破解复杂难题的对策性调研报告

对策是一个汉语词语，指古时就政事、经义等设问，由应试者对答，自汉起作为取士考试的一种形式。后来，对策是指处理、解决当前问题的办法。开展调查研究是手段，解决问题才是目的。在高质量发展过程中，我们面临各种各样的难题，避开这些"绊脚石"必须摸透实情、有的放矢，离不开对复杂难题进行对策性调研。我们要自觉针对这些问题开展调研，把问题研究明白，把利弊分析透彻，把对策论证清楚，有效推动问题解决。

一、破解复杂难题的对策性调研概述

什么是破解复杂难题的对策性调研？这个问题比较简单，仅从字面意思上看就足以弄清楚。破解复杂难题的对策性调研必须聚焦各项工作推进中存在的堵点、难点、痛点问题，有针对性地开展课题调研，采用"靶向治疗"方式奔着问题去，聚焦突出问题，精准发力，直面痛处短板，不回避、不畏难，做到一线掌握实情、一线推动落实、一线破解难题、一线总结提升，最终通过调查研究破解发展面临的重点、难点问题。《方案》所提的破解复杂难题的对策性调研报告，就是希望执政者坚持事不避难、义不逃责，敢于改革创新，敢于动真碰硬，以重点、难点的突破带动全局工作整体提升。既要做到深入细致分析具体问题，也要注重总结规律方向，从各个角度深入分析研究，理清思路、把握关键、聚焦重点，不断提出真正解决问题的新思路、新办法。

总的来看，破解复杂难题的对策性调研报告主要具有以下特点。

问题性。这类调研报告以问题为导向，一般是从"小切口"入手，盯紧一个问题把情况摸清摸透，以"解剖麻雀"式调研开局，用研究思考开路，通过寻找务实管用的破解之策，形成做好工作的思路和举措。

复杂性。这类调研报告研究的问题和矛盾一般是前所未有的。因此，只有学习掌握唯物辩证法，不断增强辩证思维能力，做到发展地而不是静止地、全面地而不是片面地、系统地而不是零散地、普遍联系地而不是单一孤立地观察，才能破解复杂难题。

对策性。复杂问题没有简单解决办法。面对深刻复杂变化的发展环境，面对大量两难、多难问题，我们需要摒弃简单化思维，提高做好实际工作的能力。对于复杂问题，必须坚持具体问题具体分析，不同情况区别对待，分析复杂问题的原因，识别其主要的症结所在，并归纳出相应的解决方案。

遇到需要解决的复杂难题时，因为问题不同，我们采取的方法也会有区别，不能用同样的方式去解决所有问题，但是解决问题的基本逻辑是一样的。一是面对问题要先思考分析。如果面对问题时发现解决问题的选择太多，无法确定哪一个是最好的选择，这时不要随意进行选择。要经过思考判断找到问题的核心，再去寻找最佳解决办法。二是面对复杂问题要有耐心。有些问题可以直接解决。有些问题的解决需要一些时间，面对这类问题可以采取长期关注的方式，每天解决一点，循序渐进地去解决。在付出努力解决的过程中，也可能会找到更好的解决办法。此外，耐心也是解决问题的一个法宝。三是解决问题时要保持专注。解决问题时集中注意力才能更有成效，只有足够认真才能高效地解决问题，在做重要事件时一定要全身心投入去解决问题，因为越复杂的问题越需要足够认真和足够的专注力。

二、编写破解复杂难题的对策性调研报告的前提

很明显，破解复杂难题的对策性调研就是为了解决问题。而要想编写一篇好的对策性调研报告并取得实效，需要做到五件事。

一是在调研前搞明白复杂难题有哪些。具体有三种方法实

现：①通过提前向基层发放问卷、组织部分岗位代表参加座谈会等形式开展预调研，先梳理工作中实际存在的问题，形成几个典型的复杂难题。②本单位的领导班子成员根据自己分管业务的开展情况和自己日常调研所掌握的情况，直接提出发展中的复杂难题都有哪些。③相关业务部门结合自身业务开展情况，分别提出工作中的复杂难题。对于以上三种方法，笔者认为可以选择其中的一二，也可以全部运用，目的就是确定一份复杂难题的清单，并以此作为下一步开展调研的依据。

二是在调研前确定解决复杂难题的思路。在调研前掌握了较为翔实的困扰和工作的复杂难题之后，是否可以直接进入调研了呢？要想确保调研效果，最好再多做一些准备工作。例如，给已经掌握的难题确定解决思路和解决方法，在调研中对这些解决思路和解决方法进行验证、补充、完善、优化。有明确方向的调研，会比直接一头扎进去调研更加有效。

三是在调研中搞清楚复杂难题还有哪些。即便在调研前极尽所能地搜集并深挖了一系列复杂难题，但不可避免的是在实际的工作场景中还会有一些预判不到的问题存在。这些问题可能并不大，但却实实在在地困扰着基层的工作。所以，绝不能拿着问题清单就觉得一切尽在掌握，而是要在调研中进一步发现隐藏的问题和调研过程中产生的新问题，并将其纳入调研范围。

四是在调研中建立以终为始的工作思维。对破解复杂难题的对策性调研来说，重要的是拿出对策，好的对策是这类调研的最终目的。所以，所有的调研动作都应该为最终形成解决问题的对策来服务，在调研之初就应该先行制定一个解决复杂难题的框架性方案，然后在调研的过程中把自己思考的方法、群众提供的方法添加进去，而不仅仅是一味地搜集信息却没有结论。

五是在调研后实现对策的可视化、成果化。工作中所有的复杂难题，往往都是大家较为关注的。如果只有调研，而没有后续，那么基层必然会对调研丧失信心。这里说的没有后续有三层意思：一是对于复杂难题，没有形成有效的解决对策；二是形成了解决复杂难题的对策，但没有推进实施；三是形成并实施了解决复杂难题的对策，但基层对此并不清楚。因此，调研推进情况、对策建立情况、实施对策后的实际效能，应该及时通过公示、宣传等手段让大家看到，一些能够立行立改的问题更是应该在调研过程中及时解决。

第二节　怎么写破解复杂难题的对策性调研报告

一、破解复杂难题的对策性调研报告如何选题

破解复杂难题的对策性调研报告的关键是抓住复杂难题和对

策两个方面，因此在选题时，笔者建议从这两方面着手。以下选题即体现了复杂难题和对策两个方面：《加快推进城镇化发展与破解："三农"难题的对策性研究》《金融危机下我国中小企业破解融资难题对策浅析》《黄河下游盐碱地耕地后备资源综合利用项目评价标准研究》《破解城市交通两难调研对策》《上海民营企业创新现状、问题与对策：基于375家上海民营企业的调研报告》等。

二、破解复杂难题的对策性调研报告如何定结构

破解复杂难题的对策性调研报告主要提供解决问题的对策，可根据实际情况确定选择不同的写作框架。一般情况下，结构并不是一成不变的。笔者在这里列举一些常见的写作结构。

（一）复杂难题比较专业的时候

为了将复杂难题分析得更加清楚透彻，可采取"来源—现状—问题—对策"的写作结构。

流动性风险指商业银行虽本身具备良好的偿债能力，但无法快速获得充足的流动资金，或在短时间内无法以合理的成本获得交易资金以应对资产增加或偿还到期债务的风险。流动性风险具有突发性和传染性强、破坏力大的特征，是事关商业银行生死存

亡的严重风险隐患，甚至威胁到整个金融体系的安全及国民经济的协调发展。因此，立足本国国情，研究我国商业银行流动性风险管理的现状及存在的问题，探寻高效的流动性管理相关对策具有十分重要的意义，可以拟定《我国商业银行流动性风险管理现状、问题及对策研究》调研报告主题。

我国商业银行流动性风险管理现状、问题及对策研究

一、商业银行流动性风险的来源

二、我国商业银行流动性风险管理现状

三、我国商业银行流动性风险管理存在的问题

（一）信贷资产质量下滑

（二）资产负债率过高，资产负债期限错配

（三）投融资渠道单一

（四）对流动性风险管理的重视程度不足

四、我国商业银行加强流动性风险管理的对策

作为国民经济新的增长点，我国将旅游经济纳入国家经济发展战略规划，现已形成了研学旅游经济、乡村旅游经济等新模式，旅游业发展体系日趋完善。为进一步推动我国旅游经济发展，可以拟定《我国旅游经济发展问题及对策》调研报告主题。

我国旅游经济发展问题及对策

一、我国旅游经济发展历程

二、我国旅游经济发展现状

（一）旅游规模及收入受环境影响较大

（二）居民旅游价格指数呈现翘尾趋势

三、我国旅游经济发展中的问题

四、解决我国旅游经济发展中问题的对策

（二）对相关情况已有基本了解的时候

此时可以省去问题来源及现状分析，可采取"问题—对策"的写作结构。

改革开放 40 多年来，虽然我国农业发展取得了巨大进步，但农业发展基础还比较薄弱，农业高质量发展过程仍然面临着小农户经营与规模化生产的矛盾、高成本投入与增加效益的矛盾、基础薄弱与快速发展的矛盾、农产品高产与产品质量的矛盾、农业发展与环境保护的矛盾等问题，制约了我国现代农业的高质量发展。针对我国农业高质量发展过程中存在的问题，可以拟定《我国农业高质量发展过程中存在问题及发展对策》调研报告主题。

我国农业高质量发展过程中存在问题及发展对策

一、我国农业高质量发展存在的主要问题

二、我国农业高质量发展对策

　　近年来，民营企业的数量不断增加，规模不断增大，企业集团化趋势越来越明显。现金流对现代企业经营发展具有重要作用，往往是很多企业生存发展的关键。提升企业的资金管理能力对民营企业的长久发展具有重大意义。采取有效的手段使资金布局更加合理、管控更加高效，提高资金的利用效率和企业的抗风险能力是现代民营企业集团必须考虑的问题。可以分析民营企业资金管理中存在的问题，为民营企业的资金管理提供有效的策略，拟定《民营企业集团资金管理存在问题及对策探讨》调研报告主题。

民营企业集团资金管理存在问题及对策探讨

一、民营企业集团资金管理存在的问题

二、完善民营企业集团资金管理的对策

（三）事物在推进过程中的时候

为了更好地让读者了解破解复杂难题的对策，可采取"对策"的写作结构。

解决农村相对贫困问题，目前首要任务就是要稳定脱贫成果。稳定脱贫成果是时代发展之必然。虽然稳定脱贫成果面临着不少困难，但我们必须发扬迎难而上的精神，攻坚克难，清除一切障碍，逐步实现共同富裕，可以拟定《破解农村相对贫困问题的对策思考》调研报告主题。

破解农村相对贫困问题的对策思考

一、因地制宜发展产业，想方设法增加收入

（一）发挥农村的比较优势发展乡村产业

（二）充分利用劳动力资源多途径多渠道增加收入

二、增强农村致富的内生动力，破除思想上的消极情绪

（一）内生动力不足是妨碍农村致富的关键问题

（二）破解农村相对贫困问题，必先破除消极观念

（三）完善惠民政策，建立大病重病帮扶长效机制

第三节　好文解析

2023 年 3 月，《合作经济与科技》刊登了《互联网金融下中小企业融资问题与对策》。这篇调研报告是一篇典型的破解复杂难题的对策性调研报告，介绍了在当前互联网金融环境下，中小企业融资面临的复杂问题与相关对策，感兴趣的读者可以在互联网上搜索全文阅读学习，笔者简要分析此篇调研报告的结构和内容。

首先在结构方面，这篇文章结构清晰，从传统融资模式下中小企业融资难成因分析、互联网金融融资模式优势分析、互联网金融下中小企业融资存在的问题、互联网金融背景下中小企业融资对策四个方面，介绍了破解中小企业"融资难"复杂难题的对策性调研情况与对策建议。

互联网金融下中小企业融资问题与对策

一、传统融资模式下中小企业融资难成因分析

二、互联网金融融资模式优势分析

三、互联网金融下中小企业融资存在的问题

四、互联网金融背景下中小企业融资对策

※ 节选自《互联网金融下中小企业融资问题与对策》

从内容上看，此篇调研报告重点突出，详略得当，内容具体。尤其是此篇调研报告开头，最见"提炼"之功，用简短的语言揭露了中小企业面临的问题，点出了解决方法。

中小企业作为我国经济体系中重要的组成部分，在推动经济发展方面做出巨大贡献。然而，中小企业由于自身规模小、信用水平低、内部资产结构不稳定等，因此"融资难"问题已成为阻碍我国中小企业发展的巨大难题。互联网金融的蓬勃发展不仅改革中小企业传统的融资模式，拓宽融资渠道，也为中小企业的发展注入源源不断的动力。

※ 节选自《互联网金融下中小企业融资问题与对策》

中小企业快速发展壮大，是数量最大、最具活力的企业群体，成为我国经济社会发展的主力军。大量新技术、新产业、新业态、新模式都源自中小企业。越来越多迹象表明，中小企业是我国经济韧性、就业韧性的重要支撑，事关经济社会发展全局。因此，国家十分重视和支持中小企业的发展，强调要培育更多专精特新企业。但同时，中小企业"融资难"成为阻碍我国中小企业高质量发展的巨大难题。调研报告第一部分，从三个方面阐述了传统融资模式下中小企业"融资难"的成因：（1）融资渠道有限；（2）融资市场体系不够完善；（3）中小企业自身存在的

问题。作者用最朴素的语言"直击"中小企业融资难的"痛点"，应该说这三方面也是一直以来困扰中小企业的"老大难"问题。

一、传统融资模式下中小企业融资难成因分析

（一）融资渠道有限。我国中小企业面临的传统融资渠道十分有限，主要有三种融资方式：银行贷款、发行债券、上市发行股票。在这三种融资渠道中，仅银行贷款这一融资渠道可行性较高。但由于中小企业自身规模小、发展不稳定、产品单一等，很难从银行获得贷款，即使获得了银行贷款，银行审批通过的贷款金额也不大，无法对中小企业的发展形成有力的支持。且当企业在受到危机影响而面临资金问题时，向银行寻求贷款帮助往往更难通过银行的信贷审批。这无疑是对中小企业的致命一击。

（二）融资市场体系不够完善。由于中小企业融资需求的规模小、融资频率高且自身企业资产抵押能力弱，因此企业通过银行等正规金融机构获得债务性融资的可能性小。银行等正规金融机构为了规避中小企业贷款风险，更愿意将贷款发放至发展稳定的大型企业，因此，中小企业很难获得正规金融机构的债务性融资来缓解经营所需资金的压力。没有融资支持的中小企业不得不选择不正规的融资渠道来缓解企业正常运转所需资金的压力。虽然这种私人融资方式能缓解燃眉之急，但却不受法律保护，也没有体制

约束，融资风险高，为企业后续的经营发展带来巨大隐患。

（三）中小企业自身存在的问题。首先，中小企业缺乏长期战略规划。我国大多数中小企业的创立都是源于某一盈利点，以此来获取利润。创业者在企业战略的长远性上没有过多的考虑，缺乏对企业所属产业未来发展的展望。特别是在新冠肺炎疫情中受到的影响，更加凸显出中小企业抵御外部风险的能力微弱，没有足够的危机意识，无法对企业发展做出合理规划。其次，中小企业自有资金匮乏。由于中小企业自身初期的经营发展所需的资金大部分是经营者自己投入或者向亲朋好友等借贷、筹集而来的，且大部分资金用于拓展市场、购买固定资产和研发产品等，因此资金问题一直困扰着中小企业。另外，中小企业的信用水平较低。不少中小企业仍坚持"家族式"企业模式来运营企业，这使得企业的内部控制制度往往形同虚设，特别是关于财务管理方面的管理制度。企业对财务部门的不重视、会计人员素质的良莠不齐及会计信息的虚假，使得企业的真实财务情况无法被披露。这在很大程度上影响了银行等金融机构对中小企业的信用水平进行正确合理评估，因此中小企业在进行贷款时因自身信用水平低的原因，无法达到融资条件，往往在申请时不被审批或者少批。

※ 节选自《互联网金融下中小企业融资问题与对策》

紧接着，作者"话锋"一转，来到了文章的主题之一"互联网金融"上。因为是报告中首次出现的概念，作者特意拿出一段对互联网金融融资模式进行了深入分析，详细介绍了互联网金融融资"缓解信息不对称问题""大大降低融资成本""有效解决信贷配给问题"的三大优势，为随后调研分析出互联网金融下中小企业融资存在的问题做了"铺垫"，给读者的感觉是"调研准备非常充足，信息收集非常齐全"。

二、互联网金融融资模式优势分析

近年来，中小企业逐步接触到互联网金融这一新兴融资模式，并开始利用互联网金融中的网络小额信用贷款、P2P网贷、众筹等贷款模式进行融资。互联网金融融资主要有以下三个优势。

（一）缓解信息不对称问题。在信贷市场中，银行等贷款机构由于无法充分掌握中小企业的经营状况及信用水平而产生信息不对称的问题，往往通过减少对中小企业的贷款力度来降低自身风险，因此造成中小企业融资困难的局面。

互联网金融借助大数据和云计算等技术，大范围且准确地搜集并处理各项数据信息，为所需各方提供全面有效的数据结果。中小企业可以通过互联网金融平台提供的信

息找到最适合自身的融资信息，拓宽融资渠道，节省搜寻时间和降低融资成本。互联网金融企业可以对申请贷款的中小企业的经营状况、盈利水平、现金流量等具体数据进行搜集及分析，并得出相关信息分析结果，金融机构便可以根据分析结果对中小企业发放贷款额度，有效解决了盲目规避风险带来的中小企业融资难问题。

（二）大大降低融资成本。互联网金融的一个显著优势就是信息效率高，利用实时更新的数据库、完善的数据分析处理系统，互联网金融可以高效快速地筛选出最优选项，为中小企业及金融机构降低信息收集的成本。中小企业在传统融资模式下，往往因线下的各种审批手续、操作流程等花费大量的人力成本及交易费用，影响企业后续资金周转情况。如今互联网金融平台提供了线上的操作流程，有效规避了传统融资中烦琐重复的融资操作步骤，节省了不必要的人力成本，简化了操作流程，减少了交易费用，因此大大降低了融资成本。

（三）有效解决信贷配给问题。传统融资模式下，金融机构无法对中小企业信用水平进行正确评估，从而拒绝中小企业的贷款申请或者只满足部分贷款需求，无法有效完成资金配给。在互联网金融模式下，信贷双方都可以借助大数据进行信用评估，金融机构能根据更多信息数据来综合分析企业实力，加大对中小企业信贷支持，有效避免了中小企业信贷配给问题。

三、互联网金融下中小企业融资存在的问题

（一）大数据环境下信息安全性欠缺。在互联网时代，大数据的普遍运用给我们带来了极大的便利，但同时信息安全问题也存在着很大的管理漏洞。互联网金融背景下，互联网金融企业为了避免出现信息不对称的问题，大量收集用户信息，虽然能有效缓解中小企业融资难问题，但由于没有安全有效的网络信息监督平台，可能会造成信息泄露的风险。中小企业在互联网金融平台中进行融资时，提供的都是企业最真实的经营情况及相关财务数据，若信息泄露，不法分子趁机利用内部信息进行违法活动，会使得融资用户遭受巨大的经济损失，互联网金融企业也将失去信誉。

（二）企业风险防范能力薄弱。互联网金融平台在2013年后才开始在我国兴起，截至目前，互联网金融企业管理模式仍处于早期发展阶段，互联网金融平台尚未与中国人民银行的企业征信系统正式连通，也没有一个完善的企业信用共享平台，不利于融资平台规避风险，互联网金融企业也缺乏相应的风控机制。此外，互联网融资平台虽然为贷款企业提供了高效便捷的融资平台，但由于双方提交的资料和手续等都是线上办理，借贷双方可能为了简化流程、提高交易量等，导致资料的真实性不足及审核流程存在漏洞。缺乏风控系统、不规范操作和没有相应监管机制的问题，都提高了融资风险，不少网贷平台因此停止运营。

（三）相关法律法规不够完善。在近几年互联网金融的快速发展中，我国出台了相关政策，比如对借贷双方的权利与义务及借贷上限等方面进行了进一步的规范，但对于互联网金融中出现纠纷的情况还没有具体的措施，且在真正实施中还存在着不足，相关的法律法规有待进一步完善并落实到实际中去。同时，融资平台存在着较大的安全风险问题，需要相关政府机构的监管及引导，对金融平台及借贷双方的行为进行严格规范，尽快制定及完善相关法律法规，建立起惩罚机制，促进互联网金融健康发展。

※ 节选自《互联网金融下中小企业融资问题与对策》

最后一部分为破解复杂难题的对策性调研报告的"精华"，即要想彻底解决中小企业融资问题，还需中小企业自身、金融机构及政府部门三个方面的共同努力，并且为每个方面给出了相应对策。

四、互联网金融背景下中小企业融资对策

互联网金融为解决中小企业融资难问题提供了有效渠道，但要想彻底解决中小企业融资问题，还需中小企业自身、金融机构及政府部门的共同努力。

（一）中小企业自身

1.制定长远的战略目标。广大中小企业的管理具有思维短视、僵化的问题，这使得企业在面对不确定环境时没有足够的能力去抵御风险、渡过难关。中小企业的管理者应摒弃狭隘传统的经营战略，结合自身的经营管理情况，综合分析市场条件等外部环境因素，针对互联网科技迅速发展的市场特征，促进自身产品的研发创新，根据市场需求做出迅速反应，及时调整和优化产品结构，制定出适合企业的长远发展战略。

2.优化内部资产结构，提高信用水平。尽管各大银行在政府的支持下针对中小企业融资难问题均推出了一揽子低息免息贷款，同时互联网金融平台也简化了融资审批手续，缩短了审批时间，但融资只是解决资金需求的"缓兵之计"。中小企业不能仅仅依靠贷款来缓解经营困难，在平时的经营活动中就要注重留存收益的积累，扩大自有资本规模，提高自有资本充足率，优化调整自身的资产结构。建立健全财务管理制度，提高企业信用水平。保障企业会计信息的真实性和合法性，坚决抵制虚假的财务报表，真实反映出企业的现金流量、生产能力和偿付能力，确保会计信息真实准确，帮助企业管理者做出正确的决策，以提升企业自身的信用水平。

3. 提升对互联网金融的认识，积极利用互联网技术。随着互联网技术的迅速发展、金融市场的不断改革，互联网金融作为一种新生融资模式，为中小企业融资带来了各种便利，在未来，互联网金融将成为重要的融资方式。因此，中小企业要紧跟市场变化，主动学习了解各项新兴科学技术的发展，掌握运用这些新兴科学技术助益企业未来的发展。中小企业的管理者应积极学习与企业经营相关的金融知识，主动了解及运用互联网金融这一融资渠道，利用互联网技术创新融资模式，解决企业融资难问题。

（二）金融机构

1. 提高互联网金融平台的风险控制水平。互联网金融模式下借贷双方的资金交易均是线上网络虚拟交易，网络安全很难得到保障，可能造成双方的资金出现安全问题。因此，互联网金融平台要提高网络安全意识，加大对网络安全技术的投入与运用，有效防范网络安全问题。互联网金融平台也有义务对收集来的企业信息进行保密，杜绝信息泄露问题，维护客户合法权益。另外，互联网金融平台应建立完善的风险分析预警和防控体系，积极运用大数据和云计算等技术手段进行风险识别，构建全面的中小企业信用系统，提升风险预警和防控能力，创造一个安全、便捷、高效的互联网借贷金融环境。

2. 鼓励金融产品创新。随着互联网金融的覆盖面不断扩大，其所面对的中小企业也更为庞大，中小企业的融资需求也更加多样化。因此，互联网金融企业应加大对中小企业的融资供给支持，根据中小企业的融资需求，定制个性化的新金融产品，满足中小企业的融资需求，与中小企业构建新型竞合关系，促进借贷双方共同发展。

（三）政府部门

1. 构建完善的中小企业信用体系。目前，互联网金融平台尚未与中国人民银行的企业征信系统连接，只能依靠互联网大数据功能搜集到有限的企业资料数据，无法掌握全面真实的企业信用数据，阻碍了中小企业的融资效率与互联网金融的发展。因此，应以政府为主导，联合金融机构、互联网平台及信用评估机构等建立统一的信用体系。同时，政府部门也应制定一套适合中小企业的信用评估标准，综合客观评估中小企业的基本情况、财务结构及偿债能力等，辅导支持中小企业的融资及发展。

2. 加大对互联网金融的监管力度。尽管互联网金融存在着风险性和不规范等问题，但不可否认的是互联网金融极大地缓解了中小企业融资难问题。政府应大力支持互联网金融的发展，科学引导互联网金融合法规范发展。首先，可以根据互联网金融的发展特点，制定相应的法律法规，规范互联网金融的行为，使得互联网金融的健康发展有可靠保障。其次，发挥政府机构的监管作用，督促互联网金融平台采取提高准入标准、完善风险预警机制、保障数据安全等措施，政府部门也应尽快建立针对互联网金融平台的监管部门。

※ 节选自《互联网金融下中小企业融资问题与对策》

总体上看，这篇文章不失为一篇破解复杂难题的对策性调研报告"好文"。可以看到，中小企业融资难产生的原因是其本身特性所决定的，这一难题在互联网金融的发展中得到转机。互联网金融为中小企业融资创立了新渠道，在一定程度上解决了中小企业在融资中面临的信息不对称、高融资成本及信贷配给问题，缓解了中小企业融资难问题。但这种新型融资模式的发展中也存在问题，这就需要中小企业自身、金融机构和政府部门的共同努力，不断克服互联网金融的弊端，防范和化解危机，采取有效的措施解决中小企业融资问题，促进中小企业持续健康发展。

第五章

新时代新情况的前瞻性调研报告

第一节　深度解读新时代新情况的前瞻性调研报告

随着科技、经济、文化等方面的快速发展，我们正处于一个变革的时代，这个时代不仅带来了巨大的机遇，也带来了前所未有的复杂性和不确定性。社会变革的加速和深化，使得社会结构、价值观念、文化形态等方面的变化越来越复杂；科技创新的快速发展带来了很多不确定性，新技术的出现和应用难以预测和量化；全球化进程的加速和深化带来了国际政治、经济、文化等方面的复杂性。从国际情况来看，地缘战争、全球恐怖主义、贸易保护主义、新冠肺炎疫情防控情况变化、经济衰退等挑战不断涌现，带来了极大的不确定性。从国内来看，党的十八大、十九大以来，我国社会的主要矛盾发生了变化，我国经济也进入新常态，绝对贫困问题得到历史性解决，新时代关于祖国统一、乡村振兴、科技自强、美好生活、绿色环保、智慧城市等新期望、新使命越发强烈。对我们而言，准确把握新时代的新情况，及时做好前瞻性调查研究，意义重大。

一、新时代新情况的前瞻性调研报告概述

什么是新时代？习近平总书记在十九大报告中对中国特色社会主义新时代的本质内涵做了高度凝练和科学的概括："这个新时代，是承前启后、继往开来、在新的历史条件下继续夺取中国特色社会主义伟大胜利的时代，是决胜全面建成小康社会、进而全面建设社会主义现代化强国的时代，是全国各族人民团结奋斗、不断创造美好生活、逐步实现全体人民共同富裕的时代，是全体中华儿女勠力同心、奋力实现中华民族伟大复兴中国梦的时代，是我国日益走近世界舞台中央、不断为人类作出更大贡献的时代。"十九大报告对"新时代"的内涵，分别是从历史、现在、未来的联系上看，从我们承担的历史使命看，从中国人民对美好生活的追求看，放到民族复兴的角度看，放在世界大局中看共五个角度看待的"新时代"。

什么是新时代的新情况？笔者根据十九大报告、二十大报告，以及当前社会、国际发生的情况，**从宏观形势看**，初步归纳总结以下这几个方面有了"新情况"。**一是社会主要矛盾变了。**1981 年的十一届六中全会对我国社会主要矛盾的表述是"人民日益增长的物质文化需要同落后的社会生产之间的矛盾"，新时代我国社会主要矛盾已经转化为"人民日益增长的美好生活需要

和不平衡不充分的发展之间的矛盾"。**二是经济发展阶段变了。**我国经济已由高速增长阶段转向高质量发展阶段，正处在转变发展方式、优化经济结构、转换增长动力的攻关期，建设现代化经济体系是跨越关口的迫切要求和我国发展的战略目标。**三是国际形势更加复杂了。**在战争、灾害等因素的交织激荡下，世界百年未有之大变局加速演进，国际社会进入历史性的变革动荡期。**四是新一轮科技革命与产业革命进一步深入发展。**第四次科技革命正在加速兴起，信息、生命、制造、能源、材料等前沿技术和颠覆性技术群体性突破，学科领域日益交叉融合，数字化智能化技术成为全球重大前沿技术和颠覆性技术突破的重要方向，全球范围内科技竞争日趋激烈，科技创新生态发生重大变化。**从微观具体领域来看，"新情况"**就是经济社会发展各个领域中的"新问题""新技术""新现象""新变化"，如乡村振兴推进过程的"返贫"问题就是"新问题"，近期突然兴起的 ChatGPT 人工智能就是"新技术"，山东的"淄博烧烤"就是"新现象"。这些"新情况"需要去深度调查研究，做好这些"新情况"的研究对实现中华民族复兴、推动经济产业发展、推动科技自强自立、提升人民获得感幸福感都有很重要的影响。

新时代新情况的前瞻性调研报告（以下简称"前瞻性调研报告"）是什么？笔者认为前瞻性调研报告就是指针对新时代出现的新情况，通过科学的方法对未来的社会、经济、科技、环境等方面的趋势和变化进行分析和研究，提前做好风险预防、策略应对、机遇把握。与传统的调研报告不同，前瞻性调研报告侧重于预测未来的发展，强调对未来的预测和预判，帮助政府、企业和个人做出科学、合理的决策和规划。

前瞻性调研报告通常包括以下内容。

（1）问题的背景和研究目的：阐明研究的背景、研究的目的和意义。

（2）研究方法和数据来源：介绍研究所采用的方法和数据来源。

（3）未来趋势和变化的预测：分析未来社会、经济、科技、环境等方面的趋势和变化，预测未来的发展方向和趋势。

（4）来趋势的影响和机遇：分析未来趋势对各行业、企业和个人可能产生的影响和机遇。

（5）未来趋势的应对策略和建议：根据对未来趋势和变化的预测，提出相应的应对策略和建议，帮助政府、企业和个人做出科学、合理的决策和规划。

前瞻性调研报告除了调研报告通用的实用性、实践性、指导性等特点外，还具有以下特点。

（1）**预测性**。前瞻性调研报告的本质就是预测未来、制定策略，就是基于新情况预测分析对未来社会、经济、科技、环境等方面或者某一特定领域的变化、影响，从而提出有价值的应对策略，如果分析出来在某些方面存在挑战与威胁，就需要提前防患于未然，如果分析出来具有发展机会，就需要提前、及时把握运用。

（2）**科学性**。前瞻性调研报告的预测和分析需要基于科学的方法和手段进行，以保证准确性和可靠性；需要采用多种研究方法，如文献调研法、专家访谈法、问卷调查法等，从不同角度收集相关数据和信息；也需要对数据进行采集、处理、科学分析，以得出准确的结论和预测结果。错误的分析预测可能带来错误的研判甚至错误的结果。因此，科学的方法、深度的洞察研究是写好前瞻性调研报告的重要支撑。

（3）**针对性**。前瞻性调研报告需要针对具体问题或领域进行研究和分析，具有针对性，并不是围绕方方面面，需要与实践结合，并为实践提供指导和建议。前瞻性调研报告需要写出具体、实用的举措与建议，为政府、企业和个人提供切实可行的建议和决策依据。例如，某先进技术发展对产业振兴的影响，或分析对就业失业的影响。因此，一般前瞻性调研报告主要围绕某一情况对某一领域的影响开展分析。

二、如何写好新时代新情况的前瞻性调研报告

编写新时代新情况的前瞻性调研报告需要遵循一定的规范和方法，笔者向大家提出几个建议。

一是要明确研究目的和问题。在编写前瞻性调研报告之前，需要明确研究目的和问题，确定研究的范围和深度，以便有针对

性地收集和分析相关数据和信息。例如，如果研究目的是预测未来电动汽车市场的发展趋势，那么需要明确是什么类型的电动汽车将会受到消费者的青睐，以及为什么这些电动汽车类型将会被青睐。这就需要根据过去几年的数据和趋势，分析电动汽车的市场需求和发展潜力，并预测电动汽车将成为未来汽车市场的重要发展方向。

二是要选择合适的研究方法。前瞻性调研需要采用多种研究方法，如问卷调查法、专家访谈法、文献调研法等，从不同角度收集相关数据和信息，提高研究的准确性和全面性。例如，在研究未来教育发展趋势的时候，可以单独采用问卷调查、专家访谈和文献调研等方法，或结合采用这几种方法以获得更全面和准确的数据和信息。通过问卷调查，可以了解不同地区和年龄段的人对未来教育的期望和需求；通过专家访谈，可以了解教育专家对未来教育技术和教育模式的预测和看法；通过文献调研，可以了解国内外教育领域的最新研究和发展趋势。

三是要做好科学分析。前瞻性调研需要对收集到的数据和信息进行系统分析和解释，从而得出准确的结论和预测，在分析数据和信息的过程中需要注意数据和信息的质量和真实性。例如，采用调查问卷法，就需要剔除不合格的问卷，以免对结果产生影响，这样才能保证得出的结论和预测结果具有科学性和可靠性。

四是要注重对未来发展趋势和变化的预测。前瞻性调研的核心是预测未来的趋势和变化，因此在报告中需要注重对未来的预测和分析。同时，需要根据不同的研究领域和主题，提出具体的应对策略和建议指导决策和规划。例如，在研究未来能源发展趋势的时候，需要预测和分析不同能源类型的市场需求和供应情况，以及相关政策和技术发展趋势，提出相应的应对策略和建议。通过对能源市场的历史和现状进行分析，可以预测未来清洁能源的市场需求将不断增加，同时需要关注能源政策和技术创新的发展趋势，制定相应的政策和技术投资计划。

五是要注重通俗的语言表达及呈现结构。前瞻性调研报告由于是针对新情况，因此可能需要对新情况、新名词、新概念进行解释说明，同时需要使用准确、简洁、通俗易懂的语言，以便各方能够理解和使用。有时也需要遵循一定的结构，如摘要、引言、研究方法、研究结果、结论和建议等，来保证报告的逻辑性和连贯性。

六是要注重实践效果评估。前瞻性调研需要结合多方面的信息和意见，如政策法规、专家意见、公众意见等，以保证研究的实践性、全面性和实用性。一般在编写前瞻性调研报告之后，我们要尽量推动这种前瞻性报告成果转化，这样报告的价值才能得以体现，才可以对实践效果评估和跟踪，甚至结合实际情况及时、深入、持续地开展前瞻性深化研究。

第二节　怎么写新时代新情况的前瞻性调研报告

一、新时代新情况的前瞻性调研报告如何选题

前瞻性调研报告到底如何进行选题呢？其实在编写前瞻性调研报告主题时，可以围绕自身地区、自身所在的行业、自身所在的单位进行，要看当前有哪些"新情况"。

从未来发展趋势出发选题。例如，新情况可以从经济社会发展的趋势开展选题，可以聚焦经济预测、金融行业产业发展、区域协同等领域，可以继续进一步分析细分行业发展趋势，可以分析某个维度的影响对整体发展趋势的影响。可以列举题目：《未来五年全球经济增长预测及趋势分析》《可持续金融发展的机遇与风险评估》《新兴市场的金融体系变革及投资机会》《亚太地区金融科技创新的趋势与发展前景》《人口老龄化对我国经济的影响与策略应对》等，重点分析趋势及应对策略。以《人口老龄化对我国经济的影响与策略应对》为例，本篇调研报告需要分析人口老龄化的驱动因素，在分析对我国经济的影响时，可以从劳动力市场与就业趋势、养老保障与社会福利压力、消费和市场变化、公共财政和税收压力、投资和经济增长前景等不同维度开展细分分析，得出具体影响的分析后，就可以从如何调整劳动力市

场政策和机制、如何改革和完善养老保障体系等方面提出针对性的建议。

直接从重点领域的前瞻性问题出发选题。可以从改革发展的前瞻性问题中选题。例如，目前国家高度重视数字政府建设、营商环境建设、乡村振兴战略等，我们需要关注这些重点战略推进过程中可能有哪些前瞻性的问题需要前瞻性地思考并解决。以数字政府为例，可以列举题目：《某地区数字政府建设的思考》《数字政府建设过程中关于数据安全性的考量》《数字技术的创新应用与智慧城市建设探索》等。

从热门领域的新话题或前沿话题选题。环境保护、人工智能、大数据、区块链、物联网等都是当今热门的话题和趋势，通过选择这些话题可以探讨它们未来的发展方向和趋势。例如，在医疗保健领域，可以选择研究基因编辑技术的前景和应用；在金融领域，可以研究数字货币的未来发展方向和趋势。

从新技术带来的新变化出发选题。例如，近期引起全球重视的人工智能 ChatGPT，新技术发展应用必然带来各方面影响。如要分析新技术对本行业的影响，可以列举题目：《人工智能在金融行业的应用与前景展望》《区块链技术对金融体系的影响与挑战》等。笔者也从国务院发展研究中心对外公开的网站信息中摘取最新的相关前瞻性的研究课题示例，分别为《对人工智能技术驱动的收入差距扩大应做好更充分的政策准备》《积极应对人工智能内容生成技术对劳动力市场的挑战》《社会治理中的科技伦理风险值得重视》等。笔者对上述选题展开简要解析。其中，《对人工智能技术驱动的收入差距扩大应做好更充分的政策准备》《积极应对人工智能内容生成技术对劳动力市场的挑战》主要聚焦了近期的新情况，就是 ChatGPT 发展势头迅猛，已经成为全球知名度较高的人工智能应用代表。这就是技术发展实现了突破，虽然目前的产业及市场还在发展之中，但是我们已经可以通过媒体、新闻看到国内各类人工智能模型不断涌现。新的技术将催生新的应用，人工智能产业上下游将迎来发展，但是新的应用又对工作模式、消费体验、产业布局、劳动力结构产生影响。因此，在人工智能尚未"爆发应用"之前，要尽快研究发展趋势，尽快找到对有关行业、相关情况的冲击，提前做好应对，甚至提前布局有关安排，借势实现"弯道超车"。《社会治理中的科技伦理风险值得重视》主要聚焦了当前互联网、大数据、云计算等数字技术在社会治理中的广泛应用，虽然有效降低了治理成本，但是数字技术也引发了一系列伦理风险，主要有数字技术被滥用损害公众权利、社会公平价值受到挑战、过度依赖数字技术易滋生"数字形式主义"、治理规则不完善导致治理责任模糊、个人隐私泄露等风险。这些就是"新情况"，亟须引起高度重视。因此，我们需要去深度研究分析，从价值观引导、监管机制完善等方面提出建议。

可能有读者会问：这些课题是否都是国家智库去研究？其实，在当前的数字时代，信息获得变得更加便捷，如果不是非公开信息或保密信息，每个人都可以从互联网、相关机构、相关平台获取有价值的信息，去开展趋势分析，每个人都可以成为新时代的个人"智库"，都可以发表如何推动时代进步、如何推动经济社会发展、如何建设美好生活的个人主张，只要研究分析足够深入、足够有价值，具有可操作性，就会具有影响力。

二、新时代新情况的前瞻性调研报告如何定结构

前瞻性调研报告可根据实际情况选择不同的写作框架。一般情况下，结构并不是一成不变的。同时，对前瞻性调研报告而言，结构只是一种表现形式，更重要的是如何开展前瞻性洞察，得出有价值的结论。因此，关于结构方面，笔者简单列举一些常见的写作结构。

（一）新趋势的研判

直接分析某一领域、某一行业未来发展趋势，得出应对策略，可采取**"现状—趋势研判—对策与建议"**的写作结构。该结构重点关注趋势研判或者趋势发展的特点，为后续发展提供参考。

当前发展数字经济是新一轮科技革命和产业变革的时代所趋，尤其在外界环境的影响下，数字经济展现出顽强的韧性，成

为支撑宏观经济稳定发展的新动能，深度分析数字经济发展趋势对经济发展具有重要价值。（摘自《发展研究》2022年第3期，有删改）

中国数字经济发展现状、趋势与对策研究

一、"十三五"时期数字经济发展成就

（一）数字经济整体发展迈向新高度

（二）数字产业化稳步发展

（三）产业数字化深入推进

（四）区域发展百花齐放

（五）数字治理多领域拓展

二、"十四五"时期数字经济发展新趋势

（一）扶持政策持续出台

（二）市场规模进一步扩大

（三）数据要素成为竞争新角力点

（四）"双循环"与数字经济相辅相成

三、"十四五"时期数字经济发展对策

（一）加强协同发展顶层设计

（二）推进政策服务手段创新

（三）加速产业数字化转型

（四）培育数字经济新业态新模式

> （五）推进数字核心技术新突破
> （六）加速数据要素价值化进程
> （七）统筹推进数字基础设施建设

（二）新技术的影响

预测分析某项新技术、新发明的出现对某一行业或者某一领域的重要影响，得出应对策略，可采取**"技术介绍—影响分析—对策与建议"**的写作结构。该结构重点关注新技术发展带来的影响及相关应对策略。

ChatGPT 对文献情报工作的影响

一、引言

二、人工智能技术迅速发展给文献情报工作的启示

1. 计算机解决问题模式已改变，机器学习成为获取解决问题所需知识的重要手段

2. 深度学习的性能提升，除模型突破之外，还要归功于语料和算力

3. 自然语言处理的技术模式已经改变，无监督的预训练对知识学习有重要价值

4.ChatGPT 并不是无来由地横空出世，而是学习能力从量变到质变的重大突破

5.ChatGPT 是集成创新的成果，学习能力的提升得益于软硬件技术方法的有效集成

三、ChatGPT 对文献情报工作的影响

1. 改变文献情报的信息组织模式，从表层信息组织到深层语义内容组织

2. 改变文献情报的知识服务模式，从信息检索到知识问答

3. 改变文献情报的情报分析模式，从手工作坊到大规模智能分析

4. 改变文献情报的用户应用模式，从平面化的阅读到立体式内容透视

5. 改变文献情报队伍的能力要求，从基本信息技能到创新性文献服务的组织实施

6. 改变文献情报工作的重点，情报内容甄别将成为必须高度关注的问题

四、对文献情报领域的建议

1. 将从科技文献内容中挖掘和利用知识的能力作为文献情报工作的核心能力来建设

2. 充分认识到文献情报机构在 AI 时代的优势和价值

3. 大力加强人工智能新技术方法的研究和应用

4. 积极参与"专业和垂直"知识系统建设

5. 努力创新文献情报领域的知识服务模式

6. 充分利用好 ChatGPT 的启发创意能力

7. 要建立情报的溯源和真实可靠性检测机制

8. 推动数据资源、基础设施、智能技术等方面的一体化能力建设

9. 为人工智能的发展贡献文献情报领域的智慧和方案

五、结语

（三）新问题、新情况的演进分析

针对某一特色情况，具体问题具体分析，重点分析成因与演变可能，结合演变的情况考虑存在的风险与机遇，并制定相关有效的对策，或提出有价值的思考，可采取**"新情况—问题成因及发展趋势—对策与建议"**的写作结构。

乡村振兴背景下返乡入乡"创业潮"探究——
基于湖北省的调查

一、引言

二、新一轮返乡入乡"创业潮"的趋势与动因

（一）返乡入乡"创业潮"的兴起与发展趋势

（二）返乡入乡创业的动因

三、返乡入乡创业的特征与效应

（一）返乡入乡创业者职业背景多元化，且男性占七成以上

（二）返乡入乡创业者返乡前收入较高，且创业组织形式绝大部分为个体工商户

（三）返乡入乡创业者利用互联网从事电商行业

（四）返乡入乡创业者开展乡村旅游项目、三次产业融合的创业日益增加

（五）返乡入乡创业带动城市资本下乡和企业兴乡的效应显著

四、因势利导推进返乡入乡"创业潮"的思考与对策

（一）畅通城乡人才双向流动的渠道，围绕三次产业融合发展开展创业

（二）加大财政与金融支持力度，创新农村土地管理制度

（三）搭建返乡入乡创业园等创业平台，营造返乡入乡创业生态系统

三、新时代新情况的前瞻性调研报告如何体现洞察力

什么是洞察力？洞察力是指深入事物或问题的能力，是人通过表面现象精确判断出背后本质的能力。也有人认为洞察力是指对问题、情况或信息的深刻理解和透彻的洞悉，它不仅包括对表面现象和明显事实的认识，更涉及对背后原因、内在关联和潜在趋势的理解。洞察力使个人能够超越表面的观察和常规思维，深入探究问题的本质，发现隐藏的模式、动态和机会。具备洞察力的人能够通过分析和综合各种信息，发现不同因素之间的相互作用和影响，从而形成独特的见解和观点。他们能够识别出问题的关键点、趋势的变化及未来的可能性，以指导决策和行动。

不管如何诠释"洞察力"的概念，笔者认为洞察力是指看到不一样的、有价值的信息的能力，而这些信息又来源于对客观世界、周围环境、事物发展的仔细观察、科学分析与精准研判。总的来说，洞察力可以分为以下能力。

由表及里的能力：能够从表面现象中深入分析事物的本质。

由小见大的能力：能够从细节中发现重点，甚至发现整体的规律和趋势。

去伪存真的能力：能够辨别真伪、现象和事实的差异，能够对不同来源的信息进行分析和比较，来判断信息的可信度和价值。

由此及彼的能力：能够从一个问题或情境中推导出其他相关

问题或情境。

由近及远的能力：能够从当前的现状与发展中，预见未来的趋势和变化。

如何提升洞察力呢？

（1）**培养好奇心**。保持对世界的好奇心，并主动追求知识和了解不同领域的信息。探索新领域，阅读广泛的书籍和文章，参与讨论和学习活动，以拓宽视野。

（2）**提高观察力**。培养细致入微的观察能力。注意细节、观察人们的行为和言谈举止，留意周围环境的变化。经常进行观察和记录，可以发现隐藏的模式和趋势，提升对事物的洞察力。例如，你在公共场合中可以观察人们的行为和言谈举止，注意他们的身体语言、交流方式和情绪变化，来了解人们的态度和情感。通过观察周围环境的变化，如商店的布局调整或人们的消费习惯变化，你可以对市场趋势和需求变化有更准确的洞察力。

（3）**多角度思考**。避免单一的思维方式，尝试从不同的角度和视角思考问题。主动寻求其他人的意见和观点，与不同类型的人群交流，能够拓宽思维，并获得更全面的洞察。假设你正在解决一个复杂的问题，你可以邀请来自不同背景和专业领域的人一起进行讨论，通过听取他们的观点和建议，你可以从多个角度思考问题，并更全面地评估各种因素的影响。这样可以帮助你更好地理解问题的复杂性，并找到更好的解决方案。

（4）**提升分析能力**。学会分析问题，并发现事物之间的关联。培养批判性思维和逻辑推理能力，能够更好地理解问题的本质和潜在因素。比如，你在分析市场数据时发现销售额下降，除了简单地记录数据，你可以进一步分析销售额下降的原因，你可以比较不同产品线的销售情况、市场竞争态势、消费者需求的变化等，从中找到可能导致销售额下降的关键因素，并制定相应的解决策略。

（5）**增强创造力**。发展创造性思维，培养解决问题的能力。从不同的角度思考问题，尝试新的解决方案，并进行实验和创新。创造力可以帮助我们提升对事物的洞察力，发现新的机会和可能性。

（6）**反思和学习**。定期反思自己的行为和经验，从中吸取教训。不断学习和成长，通过总结经验和错误，提升自己对事物的洞察力。

前瞻性调研报告的洞察力体现在哪些方面呢？

前瞻性调研报告的洞察力主要体现在：在对某个情况开展调研时，需要对当下看得透，同时也需要对未来看得准。

（1）**对当下看得透**，是指对现状有充分、全面的认识，要描述事物的基本现状情况，找到目前发展的方向，真正把握当前发展的历史方位。

一是可以就事物的静态方面来看，当前事物具有什么特点，从更广阔的区位（全国或者世界）来看处在什么区位水平，或从不同视角来看，从经济的视角、人文的视角、发展的视角、学者的视角等如何认识该事物。二是要从事物的动态方面来看，就是要看事物发展的过去到现在的变化情况，看事物发展的速度等动态变化，自然就可以研判该事物未来发展走向等。简单来说，就是在编写调研报告时，可以从发展阶段、主要特征、主要矛盾等方面来精准研判当前事物的发展特点与现状。

① **能够切实找准当前的发展阶段**。比如，分析某个产业的前瞻性思考，需要分析当前该地区该产业发展了多长时间，处在什么发展阶段，处在什么区位水平。例如，《数字经济生态发展现状及趋势前瞻》一文就对数字经济的发展阶段进行了论述，并表示数字经济当前处于"成长期"，并具有"系统动态开放运行，自组织演化升级"的特点。

系统动态开放运行，自组织演化升级

按成熟程度划分，数字经济生态遵循"初始期—成长期—成熟期—变革期"的演变过程，目前我国尚处于成长期，产业数字化转型加速上升。按所处形态划分，经过数字经济产业的集聚效应，逐渐形成数字经济生态链，进一步演化成数字经济生态系统。目前我国大部分区域尚处于产业集聚阶段，发达区域生态链逐渐形成。因当地产业基础、政策导向、经济实力等不同，自动演化升级和自我修复的能力，呈现出不均衡的分布状态。

——摘自《数字经济生态发展现状及趋势前瞻》

---

② 能够切实找准当前主要的发展特征。发展特征是当下事物发展的"基因"与属性，短时间应该不会有较大变化，除非遇到有严重影响的外部因素，因此把"发展特征"摸清楚，对未来的研判才会准确。

例如，《北京市绿色食品产业发展特征与影响因素分析》一文分析了北京市绿色食品产业发展特征共有四个，并对相关特征进行了解释说明。

> 北京市绿色食品产业发展特征如下。
>
> 1. 获证企业和产品数量较少。（后续内容略）
>
> 2. 企业分布相对分散。（后续内容略）
>
> 3. 产品类别以农业及加工品为主。（后续内容略）
>
> 4. 京津冀区域具备优势互补基础。2019 年，京津冀地区绿色食品 3 年有效用标企业共计 466 家，有效用标产品数量共计 1 450 个，绿色食品原料标准化生产基地共计 19 个，占地面积约 174.3 万亩，产量约 145.3 万吨。在京津冀区域内，河北省在有效用标企业数量、产品数量及原料标准化生产基地建设方面具有相对优势。从绿色食品认证机构的数量和检测的范围来看，京津冀地区绿色食品定点检测机构合计 8 家，涉及产品检测 6 家、环境检测 4 家，北京市和天津市在绿色食品认证机构数量和范围方面具有相

对优势。

　　——摘自《北京市绿色食品产业发展特征与影响因素分析》

　　例如，赛迪顾问大数据产业研究中心的报告《"十四五"时期我国大数据产业发展特征》就精准列举了大数据产业的七个特征。

　　特征一：数字价值进一步得到释放，数据从重要资源转变为市场化配置的关键生产要素。2020年4月，《关于构建更加完善的要素市场化配置体制机制的意见》中将数据列为继土地、劳动力、资本、技术之后第五种市场化配置的关键生产要素。"十四五"时期，数据对提高生产效率的乘数作用将更加凸显，对经济增长的贡献将进一步提高，我国将建立与人力资源服务市场、金融交易市场、技术转移市场等一样规范、活跃、有序的数据要素流通市场，实现数据要素价格由市场决定、流动自主有序、配置高效公平，进一步推动数据价值从平台商业价值向全社会的经济价值演进。

　　特征二：数据共享和流通更加规范、数据安全将有效保障，数据治理从局部"人工治理、技术治理"转变为全

面"依法治理"。(后续内容略)

特征三：核心技术竞争力逐步形成，从聚焦大数据应用转变为发力大数据开源项目和技术间交叉融合。(后续内容略)

特征四：大数据将加快推动产业升级，大数据融合应用重点从虚拟经济转变为实体经济。(后续内容略)

特征五：数字底座将进一步得到夯实，互联网企业逐渐从租赁数据中心转变为自研自建数据中心。(后续内容略)

特征六：政府服务能力将大幅提升，政府大数据应用从民生服务为重转变为民生服务与社会治理并重。(后续内容略)

特征七：示范区建设将加速推进，从国家大数据综合试验区引领发展转变为重点区域创新和特色发展。(后续内容略)

——摘自《"十四五"时期我国大数据产业发展特征》

③ **能够切实找准当前的主要矛盾**。比如以前，社会的主要矛盾是人民日益增长的物质文化需要同落后的社会生产之间的矛盾。十九大后，经过我党的准确研判与科学论证，我国社会主要矛盾已经转化为人民日益增长的美好生活需要和不平衡不充分的发展之间的矛盾，我们需要调查很多信息，科学研判得出结论。

需要注意的是，对于已经存在的经过公认的观点甚至已不需要再去论述的观点，可以直接引用。

例如，《我国光热发电产业发展特征、瓶颈及政策建议》一文就针对光热发电产业的特征及发展的瓶颈（主要矛盾）进行了分析，其中关于发展的主要矛盾和发展瓶颈的描述如下。

首先，光热发电成本依然较高。通过企业调研，当前新建光热发电成本 0.9 元 / 千瓦时 ~ 1.0 元 / 千瓦时，仍远高于陆上风电和光伏发电。初始投资高昂是光热发电成本高的主要原因。以当前主流的 10 万千瓦装机、12 小时储热塔式光热电站为例，单位千瓦造价在 2.5 万 ~ 3 万元。聚光、吸热、储换热系统占据初始投资的主要部分，占整个电站成本的 77% 左右，是决定光热发电站造价高低最重要的因素。受制于国内光热发电项目装机规模小和政策不稳定造成的市场不稳定和延续性问题，上游设备制造企业通过首批国产化项目形成的规模化产能在近两年严重开工不足，设备闲置、技术人员和熟练工人流失，也造成聚光镜、集热管、追踪器、熔盐等关键设备和材料的生产成本居高不下。

其次，是光热发电的部分设备尚依赖进口。（后续内容略）

> 再次，产业发展严重依赖国家补贴。（后续内容略）
>
> ——摘自《我国光热发电产业发展特征、瓶颈及政策建议》

（2）对未来看得准，就是对未来发展的思考要基于对现状的研究分析，并做出对未来发展的精准研判。

① 对未来趋势判断的分析方法。当要分析未来趋势时，可以从过去到现在的变化，来推导未来。当需要对未来的趋势开展研判分析时，需要基于一系列客观数据与客观事实，并有稳妥的分析过程，推导出具体结论及观点，这样的分析才具有说服性、客观性。关于趋势判断的维度，也可以从发展规模、发展速度、发展特点等多个维度出发，考察未来发展规模处在什么阶段，发展速度是保持平稳还是会提高，以及是否不同于当前的发展特点。例如，分析某市场趋势，可以从市场规模、未来供求关系、市场核心主体变化、市场政策等多个维度展开分析。例如，《2022—2023 年中国煤炭产业经济形势研究报告》一文提到，消费规模是煤炭产业未来发展很关键的一个维度，因此从消费规模出发，"从煤炭消费端看，2023 年我国煤炭消费仍将保持增长"就是未来预测的核心观点，并通过系列数据证明。

从煤炭消费端看，2023 年我国煤炭消费仍将保持增长。一是我国经济发展的韧性强、潜力大，宏观经济长期向好的趋势没有发生改变。预计 2023 年，全社会用电量增长 6%左右，煤电仍是电力增量的重要组成部分，电煤消费增量有望达到 0.7 亿吨左右，并成为煤炭需求增量的主要驱动力。二是煤化工产能快速增长。截至 2022 年年底，现代煤化工四大主要产业——煤制油、煤（甲醇）制烯烃、煤制气、煤（合成气）制乙二醇产能均创新高，随着原料用煤不再纳入能耗控制政策的实施，化工用煤消费将持续提速。预计 2023 年，煤化工产业煤炭消费量将明显增长。三是虽然房地产市场支撑偏弱，但在基建明显增长的支撑下，短期内钢铁、建材等行业的产能规模不会大幅缩减，钢铁、建材用煤仍将保持平稳。

——摘自《2022—2023 年中国煤炭产业经济形势研究报告》

② 对相关领域的影响分析方法。当要分析新事物未来的影响时，可以分析新事物发展后即将造成哪些影响，再分析这些影响可能造成其他行业、其他领域的变化，逐步推导、逐步分析，得出结论，不要从第一步分析直接得到第三步的结果，会让人云里雾里。

例如，《GPT类人工智能对我国的六大变革和影响展望》一文主要提到了六大变革，分别是：（1）科技创新总体战与综合国力大洗牌；（2）军事对抗新变量与国家安全新挑战；（3）教学方式大调整与教育本质返初心；（4）就业促进新机遇与就业结构新冲击；（5）养老服务新增量与应对疾患新妙招；（6）政府治理新模式与智能治理新问题。

（五）养老服务新增量与应对疾患新妙招

据国家卫健委测算，2035年左右，我国60岁及以上老年人口预计将突破4亿，占总人口比例将超过30%，进入重度老龄化阶段。一方面，人工智能有助于缓解"人口红利"的快速消退对我国经济高质量发展基础形成的冲击。GPT类人工智能可能创新满足养老服务特色化需求，催生和助推无人配送、智能教育、智能养老、陪护养老、智慧康养、智慧社区等业态创新。据国家统计局数据，我国目前仅养老护理员缺口就高达近170万，人工智能补短板的潜在需求强、市场空间大。另一方面，人工智能技术可能为重病诊疗的快速迭代创新提供新路子。近日有媒体报道，加拿大多伦多大学的研究人员与InsilicoMedicine合作，利用名为Pharma的人工智能（AI）药物发现平台在30天内就通过以往未知的治疗途径开发出肝细胞癌（HCC）的潜在靶向治疗药物。同时该系统还可以预测生存率，其宣称模型准确率为 80%。类 ChatGPT 通用智能以自然语言处理能力著称，未来完全可以在疾患画像、病情评估、创新药研发、生存预测等方面发挥妙用，为我国老年人提升生存质量、降低社会综合成本带来福音。

——摘自《GPT 类人工智能对我国的六大变革和影响展望》

上文中，"一方面，人工智能有助于缓解'人口红利'的快速消退对我国经济高质量发展基础形成的冲击"就是核心观点，然后马上开展论证，是因为"GPT 类人工智能可能创新满足养老服务特色化需求"，并举例说明了原因。该文的分析思路是因为人工智能快速发展可能满足养老特色需求（如教育、陪护等），因此可能得出没有人口红利下，经济高质量发展缓慢，人工智能可以减缓这个影响的结论。

第三节　好文解析

2023 年《中国物价》刊登了文章《2022 年世界经济和外贸外资形势分析与 2023 年展望》。这篇文章是由中国宏观经济研究院对外经济研究所经济形势课题组所编写的。这是一篇前瞻性调研报告，文中有大量论点与数据，并对未来一年的形势进行了深度分析，前瞻性地考虑了可能存在的风险与挑战，并给出了相关对策与建议。感兴趣的读者可以从互联网上搜索全文阅读学习，笔者在此简要分析此篇文章的结构与内容。

　　这篇文章具有一定的专业性，因此结构上更加严谨，分为四个部分，即"2022年世界和主要经济体经济形势""2022年我国外贸和外资形势""2023年世界经济面临的风险挑战与展望""对策建议"，分别从外部情况、国内情况、形势分析、相关对策四个角度来确定文章结构。

2022年世界经济和外贸外资形势

　　一、2022年世界和主要经济体经济形势

　　二、2022年我国外贸和外资形势

　　三、2023年世界经济面临的风险挑战与展望

　　四、对策建议

　　※ 节选自《2022年世界经济和外贸外资形势分析与2023年展望》

　　该文第一部分介绍了2022年世界和主要经济体经济形势，分别从"世界经济不确定性依旧，主要经济体复苏不佳""大宗

商品价格触顶回落，全球通胀压力依然高位""国际贸易呈现复苏态势，跨国投资相对疲软""全球金融市场震荡加剧，非美元货币贬值压力上升股市方面，受宏观经济政策持续调整的影响，全球股市表现低迷""财政政策实施空间缩小，货币政策'由松转紧'"几方面介绍了外部情况。这些结论主要根据相关发展情况、市场表现等客观数据分析得出。

一、2022 年世界和主要经济体经济形势

（一）世界经济不确定性依旧，主要经济体复苏不佳

受新冠肺炎疫情延续、乌克兰危机爆发、国际供应链断裂等多重因素的制约，世界经济下行压力仍然较大。一是主要发达经济体表现不及预期。从美国看，第一、二季度 GDP 环比折年分别下降 1.6%、0.6%，一度陷入"技术性衰退"；第三季度 GDP 环比增长 3.2%，但是私人消费仅增长 2.3%，投资、进口分别下降 9.6%、7.3%，国内需求明显疲软。从欧元区看，GDP 同比增速逐季下降，前三季度同比分别增长 5.5%、4.2%、2.3%；其中，德国前三季度同比分别增长 3.5%、1.7%、1.3%，法国分别为 4.8%、4.2%、1.0%。从日本看，第三季度 GDP 同比增速为 1.5%，较第二季度下降 0.1 个百分点；其中，私人消费拉动 GDP 增长 2.5 个百分点，而净出口拖累 GDP 下降 1.0 个百分点。二是新兴经济体表现有所分化。马来西亚、越南、印度等国

家复苏强劲，马来西亚第三季度 GDP 同比增长 14.2%，越南第三、四季度同比分别增长 13.7%、5.9%，印度第三季度同比增长 6.3%。受乌克兰危机影响，俄罗斯经济连续两个季度下滑，第二、三季度同比分别下降 4.1%、3.7%。巴西经济表现较为稳定，第二、三季度同比分别增长 3.7%、3.6%。

（二）大宗商品价格触顶回落，全球通胀压力依然高位

2022 年以来，在乌克兰危机及欧洲能源危机等的多重作用下，全球大宗商品价格一度达到国际金融危机以来的高位。大宗商品价格指数（RJ/CRB 指数）全年累计涨幅为 19.5%。其中，纽约商品交易所（NYMEX）西得克萨斯中质原油（WTI）价格全年累计涨幅为 6.7%；NYMEX 天然气价格全年累计涨幅为 17.8%。近期，全球通胀压力虽有减轻，但是仍然处于高位。从美国看，3 月至 9 月消费价格指数（CPI）同比涨幅连续 7 个月位于 8% 以上，其后有所下降，11 月为 7.1%。从欧元区看，10 月、11 月调和消费价格指数（HICP）同比涨幅连续两个月位于 10% 以上，11 月为 10.1%。从日本看，月度 CPI 同比涨幅震荡上行，11 月为 3.8%，为 1991 年 1 月以来的最高水平。从新兴经济体看，部分新兴经济体出现恶性通胀，11 月阿根廷、土耳其 CPI 同比涨幅分别为 92.4%、84.4%。

（三）国际贸易呈现复苏态势，跨国投资相对疲软

货物贸易方面，随着全球需求逐渐恢复，全球货物贸易呈现较快增长。世界贸易组织（WTO）数据库数据显示，2022年前三季度全球货物贸易同比分别增长20.4%、17.0%、13.3%。从美国看，1—11月货物贸易进出口额同比增长17.3%，货物贸易逆差同比扩大12.3%。从欧元区看，1—10月货物贸易进出口额同比增长30.7%，货物贸易逆差持续扩大。从日本看，1—11月货物贸易进出口额同比增长30.2%，货物贸易逆差同比扩大14.7%。从新兴经济体看，部分经济体货物贸易增速有所回落。以越南为例，2022年全年出口增长10.6%、进口增长8.5%；其中，12月出口、进口同比分别下降14.1%、8.8%。这既与上年高基数有关，也显示全球货物贸易复苏后劲不足。服务贸易方面，受主要经济体增长缓慢拖累，全球服务贸易持续走弱。WTO2022年12月发布的《服务贸易晴雨表》指出，实体商业服务同比增速从2022年第三季度开始放缓，并可能在2022年第四季度及2023年进一步放缓。国际投资方面，跨国投资较为疲弱。联合国贸发会议（UNCTAD）最新数据显示，2022年第二季度全球外国直接投资（FDI）规模为3 570亿美元，较上季度缩减30.7%，较2021年季度平均规模缩减7.1%。

（四）全球金融市场震荡加剧，非美元货币贬值压力上升股市方面，受宏观经济政策持续调整的影响，全球股市表现低迷

2022 年全年，美国三大股指道琼斯指数、纳斯达克指数、标普 500 指数累计分别下跌 8.8%、33.1%、19.4%，日经 225 指数累计下跌 9.4%。债市方面，全球国债收益率走高，并且出现期限倒挂。美国 10 年期国债收益率在 4.00% 附近波动，年内累计上涨 286 个基点，下半年以来 2 年期和 10 年期国债收益率持续倒挂，截至 12 月 30 日两者之差为 53 个基点。德、法等欧洲国家国债收益率均由负转正，年内累计分别上涨 272、291 个基点，达到 2011 年以来的高位。汇市方面，美元走强，非美元货币兑美元汇率被动贬值。2022 年以来，美元指数持续走高，达到近 20 年以来的高位，年内累计上涨 7.8%；欧元兑美元汇率一度跌破"平价"，触及近 20 年以来低位，年内累计贬值 5.9%；日元兑美元汇率一度跌至 1990 年以来最低，年内累计贬值 12.2%。

（五）财政政策实施空间缩小，货币政策"由松转紧"

财政政策方面，疫情以来，各国普遍实施了大规模财政刺激，导致债务规模持续攀升。国际货币基金组织（IMF）2022 年 10 月发布的《财政监测报告》预测，2022

年发达经济体、新兴经济体一般政府债务占 GDP 比重将分别达到 112.4%、65.1%，其后仍将缓慢上升。受政府杠杆率上升制约，预计扩张性财政政策的操作空间将越发有限。同时，由于大多数国家外债以美元计价，本币被动贬值加之经济复苏减速，造成其偿付压力走高，到期债务违约概率上升。IMF 提示，很多国家可能重蹈斯里兰卡的覆辙，阿根廷、巴基斯坦、乌克兰等国家形势尤为严峻。

货币政策方面，2022 年以来，受通胀压力高企影响，全球多国开启加息周期。美联储 7 次累计加息 425 个基点；欧央行结束负利率时代，4 次累计加息 250 个基点；日本央行虽然仍保持相对鸽派的货币政策立场，但是宣布调整收益率曲线控制（YCC）政策，允许日本 10 年期国债收益率升至 0.50%。为对冲发达经济体加息引发的资本外流、货币贬值风险，巴西、土耳其等新兴经济体更早开启"预防式"加息。由于货币政策发挥作用有时间滞后性，虽然利率上升、流动性收紧会在一定程度上抑制通胀走高，但是融资条件恶化也将持续制约经济活动复原。

※ 节选自《2022 年世界经济和外贸外资形势分析与2023 年展望》

该文第二部分主要分析国内情况，从相关数据可以看出，我国外贸稳步回升，利用外贸稳中向好，作者也分别列举了关键数据进行佐证。

二、2022 年我国外贸和外资形势

（一）我国外贸稳步回升，发展韧性和竞争优势全球领先

2022 年 1 — 11 月，我国外贸进出口总额为 38.3 万亿元，同比增长 8.5%；其中，出口额为 21.8 万亿元，同比增长 11.7%，进口额为 16.5 万亿元，同比增长 4.5%。分月度看，下半年我国外贸进出口单月增速有所下行，这主要与全球经济下行压力增大和外需疲软相关。11 月，我国外贸进出口总额同比下降 0.1%，为 2020 年 6 月以来首次负增长；其中，出口同比增长仅 0.7%，较上月下降 6.3 个百分点，进口同比下滑 1.1%，较上月下降 7.9 个百分点。分地区看，东盟、欧盟、美国为我国前三大贸易伙伴。1 — 11 月，我国对东盟、欧盟、美国出口同比分别增长 22.1%、14.2%、5.7%，自东盟、美国进口同比分别增长 7.4%、1.8%，但自欧盟进口下降 5.0%。此外，我国与非洲贸易增长较为迅速，出口、进口分别增长 14.3%、16.7%。

从竞争优势看，双 / 多边自由贸易协定、共建"一带一路"助力我国外贸稳定发展。自由贸易协定方面，我国已与 26 个国家和地区签署 19 个自由贸易协定，覆盖亚洲、

大洋洲、拉丁美洲、欧洲、非洲，尤其是《区域全面经济伙伴关系协定》（RCEP）的签署生效将推动区域内 90% 以上的货物贸易逐步实现零关税。2022 年 1—11 月，我国与 RCEP 其他成员进出口额同比增长 7.9%，占我国进出口总额比重为 30.7%。共建"一带一路"方面，我国与共建国家持续深化贸易畅通。1—11 月，我国与"一带一路"沿线国家进出口额同比增长 20.4%，其中，出口增长 21.0%，进口增长 19.7%。

（二）我国利用外资稳中向好，外资企业对华投资热情不减

2022 年 1—11 月，我国实际使用外资金额 11 560.9 亿元，按可比口径同比增长，折合 1 780.8 亿美元，增长 12.2%。分月度看，受疫情影响，第四季度以来我国利用外资压力有所增大。11 月，我国实际使用外资金额降至 662.3 亿元，为 2021 年 8 月以来的低位，同比下降 33.1%。分行业看，服务业实际使用外资金额 8 426.1 亿元，增长 0.9%；高技术产业实际使用外资增长 31.1%，其中高技术制造业增长 58.8%，高技术服务业增长 23.5%。分来源地看，韩国、德国、英国、日本实际对华投资分别增长 122.1%、52.6%、33.1% 和 26.6%。

从外资项目看，优质项目不断增多。2022 年以来，我国重点外资项目总体进展良好，半数前期项目顺利转入在建或投产，超三成在建项目实现投产，六成投产项目实现全部投产。根据可得的商务部数据，仅 2022 年 1—7 月，全国合同外资 1 亿美元以上大项目实到外资 668.5 亿美元，同比增长 35.0%，占我国同期实际使用外资比重达 53.9%。外资在华项目布局范围更广、领域更宽。例如，美国德州仪器在成都制造基地的扩建项目，建设集晶圆制造、封装、测试、凸点加工和晶圆测试为一体的制造基地；德国蔡司启动苏州"凤栖"工程建设，为其研究显微镜、手术显微镜、眼科设备等业务提供本地化研发和生产服务；德国巴斯夫、法国空中客车、法国施耐德电气等企业在我国建设制造和研发基地。中国贸促会 2022 年 10 月发布的《2022年第三季度中国外资营商环境调研报告》也显示，外资企业持续看好我国市场，对我国营商环境和宏观经济政策总体评价良好。

※ 节选自《2022 年世界经济和外贸外资形势分析与 2023 年展望》

该文第三部分是最关键的形势分析，形势分析结果将直接影响后续对策与建议。在这部分内容中，作者不仅从三个方面开展了宏观分析，也将专业机构对 GDP 增速的预测分别进行了罗列。

三、2023 年世界经济面临的风险挑战与展望

（一）疫情对经济复苏的影响尚存不确定性

世卫组织表示，2023 年有望可以宣布新冠肺炎疫情不再构成全球卫生紧急事件。随着全球疫情防控政策调整，世界经济将逐步复苏，产业链供应链也将恢复正常运转。美国纽约联储发布的全球供应链压力指数（GSCPI）明显下降，2022 年 11 月为 1.20，上年同期为 4.24。国际运输有所恢复，海运价格大幅回落，波罗的海干散货指数（BDI）基本恢复至 2022 年年初水平。但也需要注意，新冠病毒仍在变异，感染人数因季节、地理位置、人口迁移等因素变化，尚存在许多不确定性。

（二）多重制约因素仍然拖累供需恢复

第一，当前保护主义、单边主义强化，制约全球产业链、供应链复原。美国先后设立美欧贸易与技术委员会（TTC）、印太经济框架（IPEF）等多边机制，美、欧、日等发达经济体相继推出所谓的"芯片法案"。这些安全考量为主、效率考量为辅的措施，将持续制约全球要素合理配置，降低全球供给体系效率。第二，劳动力短缺仍将影响主要国家供给回暖。疫情以来，多国出现劳动参与率下降、供需缺口扩张现象，2022 年 11 月美国劳动力职位空缺数与失业人数之比为 1.74：1，虽较年初有所回落，但

仍为 2000 年以来的高位，预计劳动力短缺问题短期内难有明显缓解。第三，由于各类成本上涨，企业利润空间受到挤压，制造业生产活动恢复缓慢。多国制造业采购经理指数（PMI）位于荣枯线下方，2022 年 12 月美、欧、日三大经济体制造业 PMI 分别为 46.2、47.8、48.8。

（三）地缘冲突等不确定性因素依然较多

在百年未有之大变局下，国际力量对比深刻调整，大国博弈胶着而复杂，传统安全问题与非传统安全问题交织叠加，地缘冲突仍将呈频发高发态势，俄乌、中东等热点地区短期内还难以平静。与此同时，极端天气、能源危机、粮食危机、债务危机等不确定性因素依然偏多，均将给世界经济复苏蒙上阴影。

（四）2023 年世界经济展望

综合判断，2023 年世界经济将延续低增长态势。IMF 预测，2023 年世界经济增速为 2.7%，至少 1/3 的国家将陷入经济衰退；经合组织（OECD）预测，2023 年世界经济增速将放缓至 2.2%；国际金融论坛（IFF）预测，2023 年世界经济增速将为 2.8%；高盛、巴克莱、摩根士丹利、花旗银行等国际投行均预测 2023 年世界经济增速将放缓至 2% 以下。预计 2022 年世界经济实现 3% 左右的增长难度较大，2023 年或进一步下行。

　　※ 节选自《2022 年世界经济和外贸外资形势分析与 2023 年展望》

　　该文第四部分从四个方面给出了宏观的对策建议，分别是"夯实经济恢复基础，全力应对外部冲击""加大稳外贸稳外资的政策支持力度""全面营造有利于外向型经济发展的营商环境""坚持发展和安全并举，构筑产业竞争新优势"。这部分内容重在有理有据，可落实可实操。

　　四、对策建议

　　（一）夯实经济恢复基础，全力应对外部冲击

　　坚持稳字当头、稳中求进，更好统筹疫情防控和经济社会发展，更好统筹发展和安全，全面深化改革开放，大力提振市场信心，把实施扩大内需战略同深化供给侧结构性改革有机结合起来，推动经济运行整体好转。注重立足国内实际，积极应对外部冲击，强化跨周期和逆周期调节。保持宏观政策连续性，增强前瞻性、精准性、自主性，提升积极的财政政策效能，加大稳健的货币政策实施力度。高质量实施 RCEP，积极推动加入《全面与进步跨太平洋全面伙伴关系协定》（CPTPP）和《数字经济伙伴关系协定》（DEPA），主动对照相关规则、规制、管理、标准，深化国内相关领域改革。实施自由贸易试验区提升战略，扩大面向全球的高标准自由贸易区网络，深度参与全球产业分工合作，拓展我国"朋友圈"。

（二）加大稳外贸稳外资的政策支持力度

推动自由贸易试验区（港）、沿边开发开放试验区、服务业扩大开放综合示范区等协调共进、开放创新，形成引导外贸外资高质量发展的区域格局，提升贸易投资合作质量和水平。办好中国国际进口博览会、中国国际投资贸易洽谈会等重大展会，强化展会投资促进服务功能。加强对企业应对国际政治经济形势变化的政策指导，进一步发挥出口信保、出口信贷的支持作用，稳住重点客户、国际订单和产业链供应链。打好超大规模市场优势这张"王牌"，进一步挖掘国内市场潜力，吸引更多国家共享中国超大市场机遇、制度型开放机遇、深化国际合作机遇，全力保障外贸外资基本盘。

（三）全面营造有利于外向型经济发展的营商环境

加大改革开放力度，完善产权保护、市场准入、公平竞争、社会信用等市场经济基础制度，持续打造市场化法治化国际化营商环境。坚持实施更大范围、更宽领域、更深层次对外开放，持续放宽外商投资市场准入，扩大鼓励外商投资范围。落实好外资企业国民待遇，保障外资企业依法平等参与政府采购、招投标、标准制定，加大知识产权和外商投资合法权益的保护力度。支持外资加大向中高端制造、研发、现代服务等领域投资。加强与外商投资企业、有关商会和世界经济论坛等国际组织的对话交流活动，充分了解外资企业诉求并及时加以回复。

（四）坚持发展和安全并举，构筑产业竞争新优势

持续优化生产要素配置，加快新旧动能转换，不断提升产业基础能力，推动传统产业优化升级，培育具有国际竞争力的战略性新兴产业，建立优质高效创新的现代化产业体系。围绕制造业重点产业链，找准关键核心技术和零部件薄弱环节，集中优质资源合力攻关，保证产业体系自主可控和安全可靠，确保国民经济循环畅通。抓住新一轮科技革命和产业变革机遇，提高自主创新能力，推动新一代信息技术、生物技术、人工智能等领域技术率先突破，抢占未来产业发展主导权。

※节选自《2022年世界经济和外贸外资形势分析与2023年展望》

总体来看，这篇调研报告是金融领域比较典型的前瞻性报告，具有一定专业度，需要大量数据作为支撑，也需要作者将国家政策的方方面面了解透彻。笔者相信原课题组应该做了大量的调研工作，而限于篇幅只公开了最核心的内容。

第六章

重大工作项目的跟踪性调研报告

第一节　深度解读重大工作项目的跟踪性调研

项目是投资和发展的载体，是推动高质量发展的重要抓手，更是深入贯彻落实科学发展观的必然要求。抓项目就是抓经济、抓发展。我们开展调查研究，不到项目建设现场，不跟踪研究项目建设投产中遇到的困难，就等于没抓住重点，没抓住要害，终究不会产生好的调研效果。当前，全国各地谋划实施千万个重点项目，这都是调查研究的对象，特别是一批事关全局长远的标志性、引领性龙头项目，工程规模浩大，工作头绪繁多，需要系统性解决的问题必然不少。如果能够进行有效的调研，找出问题症结，集中力量攻坚，不失为一种好方式。所以，我们要多做重大工作项目的跟踪性调研，聚焦项目谋划、招引、开工、建设、运营等各个环节，打通堵点难点，为项目建设亮起"绿灯"，在重大工作项目建设中取得突破。

一、重大工作项目的跟踪性调研概述

与"跟踪性调研"最相近的概念，是"跟踪调查"。什么是跟踪调查呢？《决策科学辞典》中这样说："跟踪调查就是对具有某种共同特征所组成的调查对象，在进行一次调查登记以后，坚持采用定期或不定期的多次随访，取得有关资料，以便从动态过程中把握事物发展、变化规律的一种调查形式。"跟踪调查有以下几类：一是长期跟踪和短期跟踪；二是全部跟踪和部分跟踪；三是定时跟踪和不定时跟踪。跟踪调查的结果可以用于指导当下、预测未来。对重大工作项目进行跟踪性调研，就是要定期或不定期地调研以掌握重要工作项目的实施进展和实施质量，及时发现问题并采取措施进行改进和提升，确保项目实施按时保质完成。

如何开展重大工作项目的跟踪性调研呢？具体来说，笔者建议从四个方面开展。

一是确定对哪些重大工作项目开展跟踪性调研。很明显，这类调研的工作量和难度都很大，不可能所有既定工作任务都采用这种调研方法，可以依据三个标准来选择：①全年最重要的工作任务，没有之一；②工作的推进具有不确定性，有可能出现意外情况或突发状况；③工作模式尚不成熟，没有形成规律性的方法途径。按照上述标准进行选择，但入围的重大工作项目不宜过多，有1个或2个即可，也可以选择某个重大工作项目的子任务。

二是确定使用哪些跟踪性调研的手段。一般来说：①对于重大但模式成熟的工作，可以选择其中的几个重要节点进行调研；②对于预判可能有风险发生的工作，可以截取最容易发生风险的几个时间段进行调研；③对于工作模式尚不成熟的工作，既可以全过程跟进调研，如采取驻点或建立联系点等方式的调研，时时关注工作发展情况，也可以对该工作进一步细分，找到建立新的工作模式的关键环节，围绕这些环节开展持续但不连续的调研。

三是对跟踪性调研的结果进行深入分析。从这里可以看出，跟踪性调研的复杂度较高，因此，在调研中收集到的第一手资料既多又杂。如果仅仅是把这些资料堆砌到报告中，其价值并不大。调研牵头部门可以组织调研组与相关部门召开情况分析会，对跟踪性调研收集到的情况和素材进行深入分析（请注意，此环节如果只是调研组单独来做，效果不会太好，业务部门的介入十分必要），从而得出规律性认识及相关工作继续推进的情况预判。

四是对跟踪性调研得出的规律性认识进行验证。为什么要验证呢？因为调研报告中如果只有分析得来的规律，那就还是没有形成调研闭环。我们需要在规律形成之后用于指导相关工作的后续推进，并将后续推进的效果与分析得到的规律一同写进报告。只有这样，调研才够完整。还有一种情况，如果跟踪性调研的某重大工作项目周期较短，在调研过程中全部完成，那么建议调研报告中还应该有关于此项工作的制度性建议，用于固化好的经验和模式。

二、重大工作项目的跟踪性调研如何进行跟踪

重大工作项目建设是经济社会发展的引擎。所以，要推动经济社会高质量发展，必须以重大工作项目作为主攻方向。但重大工作项目跟踪性调研跟踪什么？如何跟？怎么跟出成效？这些是摆在我们面前的问题。我们要聚焦"跟踪"两个字，所谓"跟踪"，就是在一段较长时间内选择有代表性的对象，对几项指标进行定期的、连续多次的调查研究。笔者建议明确跟踪四条主线。

一是跟踪资金流动主线。把项目资金的安全、有效作为一个重要目标，全程跟踪项目资金的管理和使用情况，坚持项目资金运行到哪里，调研就跟进到哪里，做到不疏漏任何一个环节，切实纠正和防范资金在拨付和兑付过程中发生截留、挪用、挪占、滞留和侵占等问题。要坚持财务和项目监督双管齐下，实行财务和项目双主审制，防止问题在财务和工程项目之间跑串，逃避监督。

二是跟踪项目管理主线。坚持围绕项目建设重点、项目管理、推进计划、节点进度、问题困难等摸实情、清底数、知全貌，发现薄弱环节和漏洞隐患，及时提出整改意见并督促整改，切实做到防患于未然。在跟踪调研初期，要针对调研发现的问题，以意见单的形式及时提出意见和建议，督促及时整改到位，确保项目"起好步"。在项目推进期，要结合发现的问题，联合

有关职能部门组成联合督查组，从源头上对质量进行有效控制，在过程中发现问题、解决问题，从而杜绝滞后监督所造成的损失无法挽回的局面。

三是跟踪项目建设主线。 坚持做到重大工作项目中的关键节点完成一个，就立即开展调研。对于时间跨度长的工程项目，则发挥跟踪调研的优势，注重项目过程资料的收集，为跟踪调研打好基础。例如，某些重大工程项目，要在隐蔽工程施工前到实地进行勘察，全面了解概况，做到心中有数，并对施工过程中的工程变更情况进行影像实录，认真做好现场测量、数据记录、项目签证等决算审计的资料收集，及时与施工单位核对，确保隐蔽工程项目的真实性和工程量的准确性。现场调研结束后要建立跟踪调研资料库，为最终形成跟踪性调研报告提供参考。

四是跟踪项目绩效主线。 要通过关注重大工作项目的绩效，全方面了解、分析、评价整体项目建设，掌握目前项目推进过程中存在哪些具体困难。还要坚持把安全生产事项纳入工程项目的绩效审计管理，切实加强建设工程安全生产的监督和检查工作，督促建设、施工、监理及其他与建设工程安全生产有关的单位，遵守安全生产法律、法规、规章的规定，严格执行工程建设的强制性标准，确保工程人员和财产安全。

第二节 怎么写重大工作项目的跟踪性调研报告

总体而言，重大工作项目的跟踪性调研报告的立脚点要宏观，反映内容要具体，反映项目建设和运营中的主要问题、矛盾要全面。一般要用数据去分析和反映成绩、存在的问题，形成几个明确的观点，从全局角度分析问题，提出针对性强、内容具体的建议。

重大工作项目的跟踪性调研报告如何选选题和确认框架呢？

重大工作项目的跟踪性调研报告选题基本一致，一般为"××重大项目跟踪性调研报告"。框架一般采取**"情况—问题—建议"**的写作结构。但为全面摸清重大工作项目跟踪中发现的问题，掌握问题原因，可采取**"主要情况—问题及原因—对策建议"**的写作结构。

重大工作项目跟踪性调研报告

一、项目跟踪情况

二、项目建设存在的主要问题及原因

三、相关建议

（一）抓住机遇、高位推动，加大争项争资力度

（二）创新方式、完善举措，推进征地拆迁工作

（三）加大调度、完善监管，提高项目建设质效

（四）简化手续、加强协调，营造建设良好氛围

（五）抓住关键环节，为项目建设创造良好环境

（六）健全机制、注重激励，配优配强干部队伍

其中，在阐述问题时，可以从"是什么、为什么、怎么了、怎么办"这几个方面去深度分析，即查清问题的基本情况、产生的原因、影响及如何防止问题发生。例如，在某重大工程项目跟踪调研中发现了部分项目未投资建设、项目前期工作尚未完成、项目用地尚未解决、项目资金尚未解决、项目推进信息不对称五个主要问题，可以从客观和主观两个层面去分析。客观上是融资难、用地难、征拆难、配套滞后、多雨季节等；主观上是协调力度不大、主动性不强、相关制度不完善等。

第三节　好文解析

2021年，政协潜山市委员会发布了《关于全县重点项目建设情况的跟踪性调研报告》。这篇调研报告介绍了"十三五"期间，全县重点项目建设跟踪情况，点出了项目建设存在的主要问

题，给出了相关对策和建议。感兴趣的读者可以在互联网上搜索全文阅读学习，笔者简要分析此篇调研报告的结构和内容。

首先在结构方面，这篇调研报告结构清晰、明确，线索明朗，主题突出，紧紧围绕重点项目展开，从成绩、问题、建议三个方面，介绍了全县重点项目建设跟踪情况。

关于全县重点项目建设情况的跟踪性调研报告

一、全县重点项目建设现状及主要成绩

二、全县重点项目建设存在的主要问题

三、加快推进重点项目建设的对策建议

※ 节选自《关于全县重点项目建设情况的跟踪性调研报告》

从内容上看，文章简洁明了，语言平淡朴实。此篇调研报告的开头即第一部分内容详细介绍了全县重点项目建设现状及主要成绩。这部分内容采用"做法＋结果"的方式进行成绩总结：（1）加强组织领导，项目建设保障有力；（2）创新管理机制，项目工作充满活力；（3）围绕政策投向，优化项目前期工作；（4）把握发展机遇，项目进展成效显著。

一、全县重点项目建设现状及主要成绩

"十三五"期间，全县重点项目建设取得了较大进展，有力地拉动全县固定资产投资的快速增长，为推动全县经济和社会事业持续、快速、健康发展发挥了关键作用。

（一）加强组织领导，项目建设保障有力。县委、县政府高度重视项目工作，出台了《关于加强项目工作的意见》，将项目工作纳入年度目标责任综合考评的重要内容，成立了由县长任组长的项目建设领导小组，切实加强对项目工作的领导和组织协调。县项目办配备了专门的工作人员，对全县重大项目建设进行统筹、协调和督办。为进一步搭建重大项目融资平台，先后成立了厚德公司、神农投资公司、城市投资公司和扬帆公司，增强对项目的投融资能力。

（二）创新管理机制，项目工作充满活力。通过不断改进、探索和创新工作方式方法，健全项目管理机制，全县的重点项目建设力度明显加快。例如，各乡镇和相关县直部门采取由主要领导牵头，实行一个项目有一名分管领导负责，有一个工作专班服务，确保项目从前期工作到投入运营得到有效推进；为进一步规范全县工程建设项目招标评标、政府投资项目招投标后因设计变更及工程量增加而增加投资等行为，加强建筑市场的监督管理，出台了《工程建设招标评标办法》《政府投资项目招投标后设计变更及工程量增加管理办法》《政府性投资建设工程监督管理暂行办法》等规定；为加快项目实施进度，对总投资300万元以下的政府性投资项目仍然采用"先立项，再下达基建计划"的简易程序进行审批，对"因项目申报时间紧，部分前置条件难以完成，采用先批后补办法来完善审批要件资料的"予以免责。

（三）围绕政策投向，优化项目前期工作。全县紧紧围绕优势资源和特色产业谋划项目，紧紧围绕国家的产业政策和投资政策谋划项目，紧紧围绕如何解决影响和制约经济和社会发展的突出问题谋划项目，按照"谋划一批、申报一批、建设一批、投产一批、储备一批"的工作思路，建立了全县项目库，并根据推进情况实行动态管理。目前，项目储备投资规模达到4 158.4亿元，全县项目梯次推进格局基本形成。2019年，县政府专门预算4 000万元，用于解决项目前期工作经费。

（四）把握发展机遇，项目进展成效显著。"十三五"时期，全县抢抓国家扩大内需、黄土坡避险搬迁、三峡后续、长江经济带战略、武陵山试验区、北京市对口支援等一系列机遇，狠抓项目争取力度，项目建设速度不断加快，固定资产投资不断增长。2016年以来，全县开工总投资

500 万元以上的重点项目 1 330 个，完成投资 349.2 亿元，是"十二五"期间项目投资总额的 3.5 倍。全县交通基础设施、城镇化建设、民生事业均取得快速发展。

※ 节选自《关于全县重点项目建设情况的跟踪性调研报告》

在调研报告的第二部分，作者提出了调研过程中发现的重点项目建设存在的主要问题：（1）前期工作深度不够，重点项目谋划和储备不足；（2）综合协调力度不够，项目建设的环境不够优化；（3）项目建设筹资融资难度较大，推动发展动力不足。

二、全县重点项目建设存在的主要问题

"十三五"时期，全县重点项目建设虽然取得较快进展，但在项目承接、项目实施、项目监管等方面还存在不少困难和问题，特别是在新常态下，重点项目建设工作与人们的期望还存在一定的差距。

（一）前期工作深度不够，重点项目谋划和储备不足。项目工作主动性不强，前期谋划不够，导致申报争取项目仓促应付，没能达到项目谋划的预期效果。2017 年，全县纳入州级的重点项目共有 7 个，其中仅有 4 个入库，3 个未入库（包含 2 个现在还未落地的项目），没有列入省级的重点项目。同时，由于前期工作不扎实，项目真正落地后因重新选址、变更设计等原因致使一些项目推进速度缓慢，项目实施艰难。

（二）综合协调力度不够，项目建设的环境不够优化。一是从事项目工作的力量不够。县项目办只有一名工作人员，难以统筹全县项目工作；大部分乡镇和部分县直单位从事项目工作的人员没有把主要精力用于项目工作上，且人员更换频繁，项目工作业务不熟，工作被动。二是部分乡镇和部门对项目建设积极性不高。部分干部在资金争取、项目监管方面怕承担主体责任，没有主动研究项目工作。三是少数与项目关联的单位对项目工作重视程度不够，仍存在手续难办和办理周期长的现象。四是项目工作协调难度大。少数群众对项目施工补损、征地拆迁补偿标准不满意，存在阻工现象。

（三）项目建设筹资融资难度较大，推动发展动力不足。一是很多项目在争取时都需要地方配套，但我县地方财力有限，配套难以到位，项目实施主要依靠国家投资部分。二是民间资本持币观望。受宏观经济下行影响，部分企业、民间资本较为谨慎，持观望等待状态，投资意愿弱化，投资能力减弱，社会资本难以激活。三是县内融资平台实力不强。厚德、神农投资、城市投资等融资平台存在融资规模小、手段少、能力弱、服务范围较窄等问题。同时，在如何利用新的融资模式推进项目建设上还缺少办法与手段。部分投资项目的贷款条件难以达到银行要求。

※节选自《关于全县重点项目建设情况的跟踪性调研报告》

在调研报告的第三部分，作者指出该县正面临长江经济带战略、三峡后续和"精准扶贫"政策实施的重大机遇，要以重点项目建设为载体，拉动县域经济更好更快发展，为此提出了加快推进重点项目建设的对策建议：（1）重视和加强项目前期工作，高起点规划和储备项目；（2）进一步完善政策措施，优化项目建设环境；（3）健全融资体系拓宽融资渠道，突破重点项目建设的瓶颈制约；（4）完善项目考评和工作协调机制，保障各项工作措施全面落实。

三、加快推进重点项目建设的对策建议

当前，我县正面临着长江经济带战略、三峡后续和"精准扶贫"政策实施的重大机遇，这将给重点项目建设带来前所未有的资金和政策支持，如何采取强有力的措施主动出击抢抓机遇，以重点项目建设为载体，拉动县域经济更好更快发展，提出如下意见和建议。

（一）重视和加强项目前期工作，高起点规划和储备项目。建立完善项目前期工作机制，对组织领导、综合协调、机构设置、人员配备、职能职责等予以细化和明确，促进项目前期工作的制度化和规范化。建立项目前期工作经费保障和使用机制，每年由县财政安排适度资金作为前期工作专项基金。遴选或培训一批懂项目规划、编制、申报等专业知识的技术人才，充实到相关部门，负责项目前期工作。加强对国家投资政策方向的研究和把握，加强调查研究，提升项目规划的科学性，保持长期储备一批高质量、有特色的大项目和好项目。

（二）进一步完善政策措施，优化项目建设环境。一是建立更加有效的项目工作机制，配齐配强项目工作专班。二是科学制定招商政策，既能引得进，又要落到地，还能出效益。三是完善规范和精简行政审批流程，加强公务人员的教育培训，增强服务企业的意识和水平。四是严肃查处各种违法、违纪、违规行为，加大对违法阻挠、干扰项目建设行为的打击力度，支持和鼓励企业大胆维护自身权益，投诉检举不良现象，把重点项目建设的各项管理工作放在阳光下运行，接受全社会监督。

（三）健全融资体系拓宽融资渠道，突破重点项目建设的瓶颈制约。充分发挥厚德公司、神农投资公司、城市投资公司和扬帆公司的投资、融资、经营、建设、管理作用，盘活县内国有资源和资产，增强企业投融资能力，做大做强融资平台，为重点项目建设奠定坚实基础。

（四）完善项目考评和工作协调机制，保障各项工作措施全面落实。研究制定项目工作考评制度，建立重大项目争取和实施的激励机制，完善重大项目责任保障机制，健全工作协调机制。创新工作宣传机制，加大重点项目建设宣传力度，让全县人民都了解、关心、关注、支持和热忱参与重点项目建设，进一步为重点项目建设营造良好氛围。

※ 节选自《关于全县重点项目建设情况的跟踪性调研报告》

第七章

典型案例的解剖式调研报告

第一节 深度解读典型案例的解剖式调研

典型引路、示范带动，历来是我党的重要工作方法。在我国经济社会高质量发展的过程中，各领域涌现出了一批先进典型。通过深入调研，可以把这些正面典型的经验方法提炼出来、阐释清楚、推广出去，达到"拨亮一盏灯，照亮一大片"的效果。我们走出办公室，走到田间村庄，就能实地感受到正面典型的优秀。但具体好在哪里，有什么经验值得总结，哪些做法值得推广？恐怕不是走一走、看一看就能回答出来的。我们必须善于总结，进行"解剖麻雀式"研究，从具体到一般，从感性到理性，提供有价值、有针对性的对策建议。当然，《方案》提出的典型案例的解剖式调研不仅指先进典型，还包括一些中性和反面典型。对我们而言，分析研究这些典型案例，做好典型案例的解剖式调研，具有非常重要的意义。

一、典型案例的解剖式调研概述

对于典型案例的解剖式调研，在从前有一个称呼，叫作"解剖麻雀式"调研。我们都知道，麻雀虽小，五脏俱全。如果给麻雀体检，和给人体检的程序差不多，虽然体量小，但依旧可以逐一去检查验证。《方案》所提的典型案例的解剖式调研，就是指充分运用现代科学的调研方法和手段，聚焦典型案例进行全面体检、系统分析，对其中蕴含的共性、个性特点认真分析，通过深入研究一个问题，发现全局的共性问题，得出一般性、规律性的结论。其最主要的特征是把问题意识贯穿"解剖麻雀"的全过程、全流程，紧盯难点、痛点，力求得出最客观、最科学的结论。典型案例的解剖式调研高度重视调研结果的运用，让每一个通过"解剖麻雀"得来的经验都能第一时间落地、利用。这种调研方法的优点是可以深入挖掘案例的内在细节，了解案例中各个因素的作用和关系，有助于发现一些潜在的问题和隐患，从而提出更加有效的解决方案。同时，这种调研方法也能够提供重要的经验和教训，以便在类似情境下更好地应对和处理问题。

开展典型案例的解剖式调研，有一个问题很关键，那就是为什么要解剖。在弄清楚这个问题之前，我们切换一个场景，医院解剖某个人体组织是为了什么呢？当然是为了搞明白其内在的机理，甚至深入病灶研究其成因，最后给出预防或根治某项疾病的办法。典型案例的解剖式调研也一样，最后写进调研报告的不能只是解剖了之后看到了什么，而应该是在看到的基础上分析形成的工作规律、工作特点，以及得出解决常见问题的建议。对于如何开展典型案例的解剖式调研分析，笔者认为需要做对两件事。

第一件事是选好"麻雀"，找对典型。这类调研分析的依据是典型案例。很显然，要先有典型案例，再去根据这些案例开展调研分析。那么，怎样找典型呢？笔者认为主要有三个途径：一是结合调研主题，由相关部门提供；二是向基层单位征集，征集后由相关部门遴选确定；三是由党委组织会议研究，确定哪些做法被立为将对其开展调研的典型案例，再由相关部门和单位丰富素材形成案例。

确定典型案例，需要注意三点。一是因为会逐一开展调研，所以典型案例宜精不宜多；二是确定的典型案例应有一定的代表性，避免几个案例同属某项业务，而其他业务空缺，不见得面面俱到，但也不能太过集中；三是典型案例不同于重大工作项目，后者往往综合程度较高，而前者更多的是对某个单一工作开展情况的归纳。

第二件事是捉住"麻雀"，蹲点解剖。虽然"麻雀"确定了，但倘若不俯下身子细心摸清情况、沉到一线精心寻找对策，就很难将其"捉"住。对此，陈云曾说："领导机关制定政策，要用90%以上的时间做调查研究工作，最后讨论做决定用不到10%的时间就够了。"蹲点解剖，需掌握好解剖的精度和深度。请注意，这里说的是"解剖"而非"肢解"。把某个案例简单分为几个部分，这就是"肢解"。把某个案例按照要素进行拆分，这才是"解剖"。无论我们选取了哪些典型案例，将切口切准，不仅要考虑深度，还要考虑精度，将代表性案例中的关键要素提炼出来，求细、求准、求效，不能因碰到"硬骨头"就收起"手术刀"回避矛盾，弱化问题，而是要用最娴熟的"刀法"把典型案例的要素细致地剖开，为后续形成调研经验提供便利。

同时，搞清问题的内在机理，需用好查找问题的"内窥镜"，不能"头痛医头，脚痛医脚"式地看问题，而是需要由表及里，深入病灶研究其成因，将已有的一些方法经验逐一在调研中进行论证，从整体机制上考量其运行的顺畅度。例如，某省开展"案例解剖式调研"，聚焦长江某段的"沧桑巨变"，其实就是在深入地分析如何将绿色发展、高质量发展之路走得更好。这不仅是生态环境、产业结构、城乡面貌之变，也是发展理念、发展方式、发展格局重塑，看的是保护成效，感悟的是思想伟力。

二、典型案例解剖分析的步骤、方法和技巧

典型案例解剖分析的步骤如下。一是彻底读懂每个案例。记录案例的背景、主要事实及意见、面临难题、利弊条件、重要论点。二是设身处地进行分析。对所面临的问题、困难、活动进行分析。三是概括问题。分析后，提出问题的症结所在，并对需要解决的问题进行概括，概括主要是指出关键之处，解决问题的主

要障碍。四是提出多种决策方案。提出的方案要多，从不同角度思考。五是提出决策的标准。提出了多种方案，为了最终确定方案，有必要提出决策的标准。六是做出决策并提出建议。将各个方案放在一起对比优劣，反复衡量比较，并阐述理由，同时指出被淘汰方案的缺陷，最后对方案的计划实施提出建议。

典型案例解剖分析的方法如下。一是对比分析法。将 A 和 B 对比，观察两者的不同之处，找出背后的深层次原因，进行分析。二是因素评价模型。外部因素评价模型：社会文化、政治、法律、经济、技术、自然等。内部因素评价模型：技术、资金、人力资源、拥有信息、企业文化和企业精神。通过分析内外部因素，建立战略目标，制定多个备选战略，相互比较，确定最优战略。三是 SWOT 分析法。找出内部优势、劣势，外部机会、威胁，将定量与定性相结合。

典型案例解剖分析的技巧如下。**一是找准"小口子"切入**。需紧盯两类案例调研，即带有"黑天鹅"性质的典型个案和带有"灰犀牛"性质的共性类案。从中找到能揭示案例本质和风险趋向的"口子"靶向定位。2022 年，中央一号文件提出"把饭碗牢牢端在自己手上"，可根据此及时调研"基层粮食收购环节监管问题"个案。该调研以"基层粮管所收购环节漏洞"为切入点，因事关国家粮食安全，所以，价值得以充分显现。**二是挖掘"小数据"价值**。典型案例解剖式调研需要围绕社会治理中的堵点、难点、盲点，及时调取有关案例进行研究分析，从案例中挖

掘"小数据"，进而研判其在个案或类案中的价值，为最终报告提供准确依据。几年前，某省智囊中心从拐卖儿童案件中选取1起案件、拐卖1名儿童、牟利3万元等看似简单的"小数据"入手，延伸挖掘出一批关联案件数据的价值，形成"拐卖儿童犯罪呈现新动向"报告，最终促成省七部门联合发文、全省开展专项治理行动，有效避免此类社会隐患的积累和发酵。**三是选"小事例"证明。**例如，职务犯罪案件大多触及社会痛点、热点，看似是"小事例"，但绝非小事情。针对此类案件进行调研，就要聚焦群众最盼、最急、最忧、最怨的事，精准找到案件的根源并推动问题解决。精选"小事例"，要掌握紧扣主题、典型深刻、真实准确"三原则"。几年前，某调研团队调研有关"侵占孤儿救助金"个案，精选了5个"小事例"支撑调研报告，反映的3个问题得以充分论证。该报告也得到中央领导批示，推动辖区开展专项清理，192名儿童被纳入救助范围，享受到应有的福利。

第二节 怎么写典型案例的解剖式调研报告

对典型案例进行解剖，根本目的就在于形成一套有效解决同类问题的模板，从典型问题中找出解决普遍性问题的方法。因此，形成预防或根治问题的"解剖报告"，总结经验，防止复发，是开展典型案例的解剖式调研的关键、核心。在拟写典型案例的解剖式调研报告的时候，绝不能只研究一个案例，而是要掌握从个别到一般、由特殊到普遍、由个性到共性的认识原理，通过分析这一代表性的典型，以小见大、见微知著、归纳总结，实现从个别到一般、由特殊到普遍、由个性到共性的飞跃。

一、典型案例的解剖式调研报告如何选题和确认框架

毛泽东说："调查的典型可以分为三种：一、先进的；二、中间的；三、落后的。如果能依据这种分类，每类调查两三个，即可知一般的情形了。"所以，在确定的主题下，可以从这三个方面入手，确定典型案例的解剖式调研报告的主题和框架。

（1）当需对先进典型进行调研时，可以采用借鉴启示为题，如《新型智慧城市建设的实践探索与借鉴启示——以××市为例》。同时，为更好地介绍先进典型，可采取**"主要成绩—具体做法—启示建议"**的写作结构。

新型智慧城市建设的实践探索与借鉴启示——

以××市为例

一、新型智慧城市建设的情况

二、新型智慧城市建设的成效

三、新型智慧城市建设的举措

四、对上海全面推进数字化转型的启示

（一）统筹部署，吹响推进数字化转型的集结号

（二）谋篇布局，描画推进数字化转型的航海图

（三）创新引领，打造推进数字化转型的高速路

（四）试点先行，下好推进数字化转型的先手棋

（2）当需对中间典型进行调研时，可以采用调查与思考为题，如《鼓励引导人才向基层一线流动的调查与思考——以××市为例》，可采取"**主要做法—存在的问题—对策建议**"的写作结构。

鼓励引导人才向基层一线流动的调查与思考——以××市为例

一、××市鼓励引导人才向基层一线流动的主要做法

（一）完善人才政策体系，破解基层一线人才引进难问题

（二）强化人才培训教育，破解基层一线人才培育难问题

（三）拓展人才成长空间，破解基层一线人才使用难

问题

（四）优化人才福利待遇，破解基层一线人才稳定难问题

二、鼓励引导人才向基层一线流动存在的不足及原因

（一）政策调整相对滞后，人才工作机制不健全

（二）激励作用延续断层，人才成长空间狭窄　在人才前期引进过程中体现出了"高规格"，但是面对人才引进之后的职业发展和激励机制等政策的配套出现断层现象

三、鼓励引导人才向基层一线流动的对策建议

（一）构建人才向基层一线流动的发展保障机制

（二）畅通基层急需紧缺人才发展通道　针对医疗、教育人才短缺的状况，主动走进高校、走进学生，设立专项资金，创新实施"选人培养、定向使用"模式，精准开展引才工作

（三）建立健全引进人才跟踪培养机制　创新人才选拔使用方式，在人才使用上解放思想，打破常规，使本地人才用得好，引进人才不外流

（3）当需对反面典型进行调研时，可以采用解剖式调研报告为题，如《××"4·21"特别重大爆炸事故解剖式调研报告》，可采取"事故情况—存在的问题—事故教训—相关建议"的写作

结构。

××"4·21"特别重大爆炸事故解剖式调研报告

一、事故有关情况和直接原因

（一）事故发生经过

（二）抢救救援情况

（三）事故直接原因

二、地方党委政府及有关部门存在的主要问题

（一）集中治理部署迟缓简单应付

（二）日常监管相互推诿回避矛盾

（三）排查整治不认真、走过场

（四）对违法违规行为查处不力

（五）易燃易爆物品管理混乱

三、事故主要教训

（一）学习领会关于防范化解重大风险的重要论述　不认真不深刻，风险意识薄弱

（二）落实责任不紧不实，不担当不作为

（三）发展理念存在偏差，政绩观错位

（四）立法滞后执法不严，行业安全监管宽松软

（五）对基层能力建设重视不够，基层安全治理面临困境

四、改进措施建议

（一）切实增强各级领导干部风险意识和安全发展能力

（二）突出防控易燃易爆物品安全风险

（三）标本兼治加强危险品安全管理

（四）压紧压实各级领导干部防范化解重大风险责任

（五）大力提高基层安全治理能力

三、典型案例的解剖式调研报告如何体现高价值感

要体现典型案例的解剖式调研报告的高价值感，可以从以下步骤着手。

第一，认真研究案例的背景和情境，了解案例所处的环境、背景和相关情境，包括人员、地点、时间、组织结构等信息。了解事件发生的社会背景，能为整个事件的发生奠定一个基础，明确一个目标。

调研报告《把"契约化"理念融入城市基层治理之中——浙江省绍兴市越城区深化"契约化"共建的实践》在第一段就交代了积极探索"契约化"共建引领城市基层治理的新路径、新方式的相关背景，有力推进各项工作提质增效，为发展提升带来强劲活力。

2008 年，越城区正式提出社区"契约化"共建载体，并探索出"五约"流程（谈约、签约、亮约、履约、评约）、四类菜单（责任、服务、资源、个性）、双向服务等工作法。2010 年以来，越城区把"契约化"共建的理念、机制、方法全方位融入城市基层治理中，积极破解城市基层治理遇到的难点、堵点、痛点问题，着力构建党建引领下的共建共治共享城市基层治理新格局。

第一阶段：以社区党组织与驻社区单位党组织之间结对共建为主要形式的契约共建阶段（2004—2013 年）。这个阶段，在市、区联合推动下，"契约化"共建工作蓬勃发展。从开始的试点工作到全市进行标准化推广，该经验的工作理念体系、方式方法逐渐成熟。社区党组织通过契约共建与辖区单位党组织建立联系，定期交流研讨，相互学习、借鉴党建工作做法经验，共同研究党建难题，提高党建工作水平；各社区为驻社区单位提供优质便捷服务，驻社区单位也最大限度开放本单位阵地资源，为社区居民开展活动提供方便；社区根据居民需求，列出部分民生实事项目，以"菜单化"等形式，向共建单位打包推出共建项目，共建单位根据自身优势，合力推进。这一阶段的实践，破解了城市社区陌生人社会如何有效衔接的难题，有效推动机关党员八小时外亮身份、做贡献、当示范。

第二阶段：以解决民生事项为主要载体的项目契约阶段（2014—2017年）。这个阶段，"契约化"共建开始实施项目化管理，平安建设、"五水共治"、环境整治等一系列中心工作被纳入共建项目，"契约化"共建的抓手更具体化、内容更中心化、成果更可视化。社区党组织正视自身资源"短板"，针对群众日益关注、呼声日益强烈的热点问题确定民生项目，充分发挥共建单位职能优势，合理解决社区实际问题。街道党工委每年年中、年终针对项目进度组织开展两次社区党组织自查，并结合自查情况开展有针对性的督查。表彰"契约化共建、项目化管理"工作先进单位，汇编典型案例，通过典型示范与经验交流，形成合力共建、齐抓共管的良好局面。这一阶段的实践，丰富了契约共建的内容，为共建共享注入了生机和活力，特别为有效推动党建引领、民生民议、民事共建形成机制做了富有成效的探索和积累。

第三阶段：以全域提升、数字赋能、系统集成为主要内容的人人契约阶段（2018年至今）。这个阶段，"契约化"共建进一步创新载体、丰富内涵，通过数字化手段，推动基层治理全域提升。开展"两地报到、人人契约"活动，发动机关、教师、医生、律师等党员到村社报到履约，签订契约项目，认领党员"微心愿"，参与治安联防、民主协商、矛盾调解、垃圾分类、智慧用电等治理服务活动；健全完善横向联结多行业领域、纵向延伸到社区的"96345"党员志愿服务体系，针对 4 类特殊群体提供 6 大类 37 项免费服务，"360 和事佬""维修达人""电工鲁师傅"等服务品牌深入人心；围绕数字赋能共建共治共享，开发"越城有约"数字化平台，谋划"人人契约、结对共建、民生集市、点亮心愿、党建地图"等应用场景，以数字化技术、思维、认识推动"契约化"共建理念、机制、载体创新。这一阶段的实践，拓展了"契约化"共建的主体和实施范围、实现方式，提升了"契约化"共建的深度与广度，为打造城市基层治理品牌、构建为民办实事长效机制积累了经验。

——摘自《把"契约化"共建理念融入城市基层治理之中——浙江省绍兴市越城区深化"契约化"共建的实践》

第二，要有充分的数据作为支撑，收集案例的信息和数据。通过各种途径，收集与案例相关的信息和数据，包括文件、记录、采访等。

调研报告《当代大学生思想状况调查研究——以××大学为例》以××大学在校本科生为例，以调查问卷为主要形式，内容涵盖思想状况、校史校情、学习状况、生活状态、就业态度

5 类题目共 54 道选择题，共有有效问卷 17 573 份。通过对学生思想和生活状况的调研与分析，发现问题并提出切实可行的建议和意见，为切实做好大学生的价值引领提供科学依据。

（一）当前大学生对"国家"的认知

1. 对政治关注焦点

75.5% 的大一、大二学生和 73% 的大三、大四学生关注国内外时事政治，60.8% 的大一、大二学生和 64.83% 的大三、大四学生关注大学生就业，68.7% 的大一、大二学生和 72.5% 的大三、大四学生关注房价、物价、食品安全等民生问题，52.1% 的大一、大二学生和 55.5% 的大三、大四学生关注政府工作。大部分学生能够认清当前形势，积极关注就业问题。

2. 对"三观"的认识

在人生观、世界观方面，近 58.3% 的大一、大二学生和 50.9% 的大三、大四学生认为自己是有理想、有抱负，积极为自己目标努力，持有乐观态度的青年大学生；在价值观取向上，大一、大二学生最崇拜的偶像依次为科学家（70.8%）、道德模范（65.7%）、政治精英（48.7%）、商业领袖（39.9%），其中体育娱乐明星占 34.4%。大三、大四学生最崇拜的偶像依次为科学家（67.9%）、道德模范（58.8%）、政治精英（47.9%）、商业领袖（43.3%），其中体育娱乐明星占 36.5%。

3. 对爱国主义的认识与理解

80% 以上的大一、大二学生认为家庭潜移默化的作用和身边的榜样模范对自己的爱国热情影响最大；81.3% 的大三、大四学生认为家庭潜移默化的作用对自己的爱国热情影响最大，并有 70% 以上的大三、大四学生认为课本知识教育和身边的榜样模范对自己的爱国热情影响最大。调查显示，大部分学生认为家庭潜移默化的作用、课本知识教育和身边的榜样模范对自己的爱国热情影响最大，所以爱国热情培养更多的是耳濡目染的熏陶和影响。

4. 对习近平新时代中国特色社会主义思想的认知

根据调查结果显示，当代大学生整体上呈现积极向上的态度。坚定"四个自信"，对实现"中国梦""复兴梦"充满信心。近 86% 的大学生坚定地拥护共产主义。73.6% 的大一、大二学生和 61.9% 的大三、大四学生要求加入中国共产党最主要的动机是追求理想信念。36.7% 的大一、大二学生和 48.7% 的大三、大四学生对习近平新时代中国特色社会主义思想非常了解。61.22% 的新生和 50.14% 的老生表示了解社会主义核心价值体系和习近平新时代中国特色社会主义思想。

——摘自《当代大学生思想状况调查研究——以 × × 大学为例》

　　第三，对案例进行多维度分析和解剖，从不同角度考察案例成功或者失败的原因、要素，对其成功或失败进行分析、点评。将案例与传统的相关案例进行对比，发现该案例的优势与不足及案例中存在的问题，在解决问题时注意横向纵向的延伸。

　　调研报告《乡村振兴的积极探索与创新实践——对"莫沟模式"的调研与思考》以莫沟村为例，主要从六个方面总结分析了莫沟村发展模式。

　　规划建设模式，突出因地制宜、生态自然。根据上、中、下三层空间结构，对"老家莫沟"进行规划建设。在上层，打造特色街区，为孟州市产业集聚区从业者和广大游客提供休闲服务。在中层，对明清、民国时期遗留下来的窑洞和民居进行生态修复，发展窑洞宾馆。在下层，修复汶水河生态，发展高效生态观光农业园区和休闲娱乐区。

　　综合推进模式，突出党政引领、自主发展。一是凝聚创新发展力量，党员干部和志愿者带头投身建设，为莫沟建设导航助力。二是建立资本投入机制，成立生态农业发展有限公司，采取众筹方式投资，引导村民按人头入股，采取现金和责任田承包权及房屋、树木等实物入股方式，按股分红，搭建银行项目贷款和财政资金贴息扶持平台。三是打造创新创业平台，建设独具特色的村淘店，吸引人才回乡创业，在家门口"买全球、卖全球"。同时，引导村民依托窑洞优势，发展民宿、餐馆和休闲娱乐服务等。在汶水湖上架起了玻璃栈桥、"网红"桥，建起了环村火车道、斗牛场、滑雪场等，沿沟形成了娱乐休闲区。

利益分配模式，突出群众至上、共同富裕。一是建立经营共享机制，开启共享经济模式，使每户都享有经营权，使每个村民在机会面前都有均等权利。二是建立村民分红制度，户户有股份，逐年领取固定红利。三是优先解决村民就业，优先安排有劳动能力的贫困户从事力所能及的经营，真正实现在家门口有业可就、有钱可挣。四是推进集体产权制度改革，实行"三权"分置，放活经营权，确立了生态观光、休闲度假、健康养生"三步走"战略，成立10余家股份制合作社。

硬件建设模式，突出服务为本、城乡一体。基础设施上，推行改墙、改水、改厕、改路、改能、改房和植树的"六改一植"。公共服务上，开通城乡公交线路直达村口，启用新型环保电动公交车，方便村民出行；建成"老苗书馆"，建设医养中心、网络医院、开放式小学、银行网点、物流快递中心等，让村民享受到便利的公共服务。

村风塑造模式，突出礼仪传承、友爱互助。举办"和睦家园"大讲堂，宣讲优秀传统文化，倡导良好家风。制作图片墙、立体画，营造浓厚的文化氛围。制定村民行为规范公约，弘扬互帮互爱的好风尚。

乡村党建模式，突出党组织 + 社会组织 + 市场主体。
以"党旗飘起来、党徽亮起来、党员动起来"活动为统领，
建立"支部 + 协会 + 市场主体"的党建统领组织体系，确
保了推进乡村振兴的强大战斗力。

"老家莫沟"的创新实践，促进了农村生态、产业、人
文协调发展，形成了以乡村旅游为龙头，农业、服务业融
合发展的产业形态，进一步延长了产业链、增加了就业链，
形成了可持续发展增值链。

—— 摘自《乡村振兴的积极探索与创新实践——对
"莫沟模式"的调研与思考》

第四，通过对案例进行全面深入的解剖分析，从中得到启
示，形成对案例的结论和建议，为类似情境下的其他案例提供
参考。

调研报告《县级市工业用地出让存在的问题及对策研究——
以 × × 市为例》聚焦 × × 市，调查研究在快速工业化和新型城
镇化进程的新时代背景下，县域城市如何提高工业用地利用效
率，最终形成三个结论。

（1）盘活存量挖掘潜力，提升工业用地利用效率。未

来，在控制建设用地总量的前提下，进一步优化建设用地指标在县级市的配置格局；同时要注意到本地自然资源禀赋的限制，要致力于盘活存量。一是要深度拓展县级市主体功能区的"全面性"，切实发挥国土空间规划的龙头管控作用，明确工业用地企业在功能区和规划区范围内活动，使得土地资源利用达到理想效果。二是要从严从紧加大闲置低效用地处置力度，确保全面提升土地利用水平。三是要积极探索创新增减挂钩等土地政策，充分挖掘闲置农村居民点整理潜力、集体经营性建设用地入市的政策优势，探索建立集体经营性建设用地入市制度。四是要充分挖掘存量土地潜力，摸清城市低效闲置建设用地情况，做好批而未供的土地供应。五是可向上级争取调整增存增违挂钩，对于违法占用林地、耕地，没有按要求整改的，可以相应核减增减挂钩指标，积极将依法收回的闲置、划拨和收购土地纳入储备，有利于存量建设用地挖潜。

（2）推行可落地的土地出让新模式，打造产业价值洼地。已知企业生命周期有限，但目前工业用地出让年限过长，为充分释放工业用地潜力和价值，以整合资源节约集约为手段，可探索试点弹性出让制度、先租后让模式；积极规划存量工业用地，推动工业园区转型。县级市可到沿海地区去学习创新用地政策、土地出让方式，结合本地实际破解目前工业用地难题。例如，可以学习沿海先进城市探索工业用地差别化供地的模式，即根据产业用地市场来配置出让方式，根据产业类型、规划限制、企业用地需求，在与企业做好调研和座谈的基础上，让企业自己灵活选择长期租赁、租让结合、先租后让、弹性出让等多种方式来获取土地或者几种方式结合，实现差别化供地，政府根据产业类型及其生命周期，经过测算，来匹配不等的工业用地出让年限；也可以根据一次性出让，分不同阶段评估考评倒逼企业规范土地开发管理，这样既对政府招商引资和产业转移有利，也更有利提升土地利用效率，也能够使得土地价值被看见和认可。

（3）建立供后监管制度，推动监管方式变革。成立由发展改革委、经信局、财政局、自然资源和规划局、应急局、住建局等相关部门为成员单位的工业用地项目管理委员会，共同审核并监管工业用地的资格准入、履约监管、绩效评价等事宜，建章立制。明确要求在部门联合监管下，结合县级市实际，主要对工业用地准入、签约、项目全生命周期管理、绩效评价等进行监管考评，完善相应的配套制度和政策致辞。建立土地管理月调度制度，成立专项工作领导小组，跟踪每一宗工业用地的审批、征收拆迁、储备、供应、开发利用情况、土地办证，或者利用"一张图"

实现全面覆盖，有利全程化监管和全程生命周期管理。

——摘自《县级市工业用地出让存在的问题及对策研究——以××市为例》

第三节　好文解析

2021 年 9 月，《发展》杂志刊登了《雪域藏乡的美丽蝶变 甘南州深化乡村治理、推进乡村振兴的调研报告》。这篇调研报告介绍了雪域藏乡甘南州深化乡村治理、推进乡村振兴的典型经验，感兴趣的读者可以在互联网上搜索全文阅读学习。笔者简要分析此篇调研报告的结构和内容。

总体上，此篇调研报告内容生动丰富，结构清晰合理，从甘南之变、甘南之干、甘南之鉴三个方面，介绍了甘南州深化乡村治理、推进乡村振兴的情况。

雪域藏乡的美丽蝶变　甘南州深化乡村治理、推进乡村振兴的调研报告

一、甘南之变：雪域藏乡的美丽蝶变

　　二、甘南之干：缺氧不缺精神的拼搏实干

　　三、甘南之鉴：探索创造的经验可学可鉴

　　※节选自《雪域藏乡的美丽蝶变 甘南州深化乡村治理、推进乡村振兴的调研报告》

　　从内容上看，此篇调研报告开头便直入主题，以甘南州深化乡村治理、推进乡村振兴为典型，详细介绍了甘南现象、甘南变化和甘南效应，对甘南之治的典型经验及甘南之变背后的机制机理进行了调研分析，起到总领全文的作用。

　　甘南州是全国 10 个藏族自治州之一，长期以来，受自然、地理、历史等因素制约，社会发育程度低，基础设施建设滞后，整体属生态脆弱区、灾害频发区、经济塌陷区、连片贫困区、稳定敏感区，经济与生态、保护与发展、吃饭与建设的矛盾十分突出。党的十八大以来，甘南州深入学习贯彻习近平新时代中国特色社会主义思想，认真践行习近平生态文明思想，全面对标习近平总书记对甘肃重要讲话和指示精神，牢牢扭住绿色生态这一关键，抢占绿色崛起制高点、打造环境革命升级版，擦亮了生态底色、催生了发展业态、文明了社会风气、树立了大美形象，生动诠释了绿水青山就是金山银山的核心内涵，探索了新时代涉藏地区长治久安和高质量发展的有效路子。

　　甘南现象、甘南变化和甘南效应引起了各方面的高度关注，《人民日报》、中央电视台、新华网等主流媒体都做了深度报道，国家有关部委和青海省多次在甘南召开现场会，学习观摩亮点做法。总结甘南之治的典型经验，探寻甘南之变背后的机制机理，对全省深化乡村治理、推进乡村振兴具有重要借鉴启示意义。

　　※ 节选自《雪域藏乡的美丽蝶变 甘南州深化乡村治理、推进乡村振兴的调研报告》

　　此篇调研报告的一级标题非常出彩，用"甘南之变""甘南之干""甘南之鉴"贯穿全文，令人耳目一新。同时，报告中使用了大量的数字，用"数"讲事，让"数据说话"，比如，"2013年建档立卡工作之初，全州8县市有284个贫困村和17.12万贫困人口，贫困发生率30.43%""全村自主经营主体从2013年的25户发展到现在的近200户，游客达72.11万人次，旅游产业收入达1.73亿元，群众年人均纯收入从2013年的5 100元增长到2020年的1.5万元"，让整篇报告具有较强的说服力。

　　一、甘南之变：雪域藏乡的美丽蝶变
　　甘南州的发展变化，是全省全面建成小康社会的一个生动缩影，也是全国涉藏地区加快现代化进程的一个示范样板。甘南之变，是新时代党的治藏方略指引下的全方位变化，具有广泛的生态效应、发展效应、富民效应、稳定效应和示范效应，向世人展示了"九色香巴拉"的迷人风采和时代新貌。

（一）生态环境变美，扮靓了颜值形象。甘南州是黄河上游重要的水源涵养地，是拥有广袤森林草原的绿色宝地。然而，昔日的甘南州，虽然顶着"九色香巴拉"的光环，但"只顾温饱，不顾面貌"的做法一度使这片大自然恩赐的美丽山水黯然失色，"晴天一身土、雨天一身泥、垃圾堆满地、污水随处流"，尤其是延续千百年的游牧生产生活方式带来的人畜混居等问题，导致村庄、庭院、屋内环境杂乱，这是当时甘南人居环境和整体面貌的真实写照。2015年以来，甘南州开展了一场声势浩大的"环境革命"，把城乡环境卫生综合整治与创建"国家全域旅游示范区"、建设"生态文明小康村"、实施"精准扶贫精准脱贫"结合起来，以摧枯拉朽之势整治环境顽疾，以伤筋动骨之痛革除陈规陋习，以脱胎换骨之变谋求转型跨越发展，实现了州域4.5万平方千米青山绿水大草原"全域无垃圾"，全面提升了整体形象，树立了领先涉藏地区、享誉全国的"响亮品牌"。《人民日报》报道："到甘南去，最令人惊叹的便是'全域无垃圾'。即便在路边角落，也看不见一个饮料瓶、一只塑料袋，'全域无垃圾'成了一张'金名片'。"2021年7月，农业农村部、国家乡村振兴局在甘南州召开全国村庄清洁行动现场会，全面总结和推广其经验做法。

（二）整体面貌变新，夯实了基础底盘。甘南州是全国"三区三州"和全省"两州一县"深度贫困地区，是全国全省扶贫开发的重点区域，贫困面积大、贫困程度深、脱贫难度大。2013年建档立卡工作之初，全州8县市有284个贫困村和17.12万贫困人口，贫困发生率30.43%。2017年年底，根据国家支持深度贫困地区脱贫攻坚相关政策，全州贫困村调整增加到309个（其中省级深度贫困村67个），舟曲县、临潭县纳入国家深度贫困县。立足这一现状，甘南州坚持把脱贫攻坚作为最大的政治任务、最大的民生工程、最大的发展机遇，全州提前一年实现脱贫摘帽，取得了脱贫攻坚战的全面胜利。截至2020年年底，全州贫困村全部出列，贫困人口全部脱贫，贫困发生率下降为零，所有建制村、自然村全部通硬化路或砂化路，农牧村安全饮水体系全面建成、普及率达到100%，贫困人口医疗保险参保和资助实现全覆盖，九年义务教育巩固率达到99.11%，易地扶贫搬迁工作入选全国"十三五"典型案例，在全国脱贫攻坚普查中3.97万贫困户对扶贫政策落实、扶贫成果的满意度为 100%，全国仅此一家。

（三）首位产业变强，培植了动能活力。甘南州聚焦"高寒阴湿、山大沟深"的劣势和"绿水青山、资源富集"的优势，精心培育生态产业，大力发展生态经济，促进产业结构转型升级，现代农牧业和文化旅游业两大首位产业发展迅猛，成为拉动经济增长的主引擎。特色农牧业增势强劲，坚持绿色兴农、科技兴农、质量兴农，牦牛、藏羊、蕨麻猪、从岭藏鸡等生态畜牧业和藏中药材、优质青稞、杂交油菜、经济林果、高原夏菜等特色种植业快速发展，实现由增产向提质的转变。甘南州被中国乳制品工业协会授予"中国牦牛乳都"称号，累计认证"三品一标"农产品 208 个，甘南牦牛、甘南藏羊、安多牧场等 11 个品牌入选"甘味"品牌目录。旅游产业呈现井喷式发展势头。"十三五"期间，全州旅游人数和综合收入累计达到6 448.02 万人次、312.88 亿元，年均保持两位数增长。"九色甘南香巴拉"旅游品牌国际影响力和知名度持续攀升，甘南州被联合国人居环境发展促进会评为"中国最具民族特色旅游目的地和旅游胜地"，荣获 2019 年亚洲旅游红珊瑚奖"十大最受欢迎文旅目的地"称号。世界旅游联盟发布的 2018—2020 年 100 个"旅游减贫案例"中，甘南州独占鳌头荣获 3 席，创造了全国市州第一。5 个旅游村入选全国乡村旅游重点村名录，扎尕那景区以305.2%的增长幅度，位居全省景区热度第一。

（四）群众腰包变鼓，凝聚了民心民力。甘南州的变是全方位的，其中农牧民群众收入的变化是最为深刻、最为暖心的。"十三五"期间，全州城乡居民人均可支配收入分别达到27 656元和9 129元，比"十二五"期末增加8 000元和3 201元，年均增长7.1%和9%。2020年，全州农牧民人均可支配收入达到9 129元，较2015年增加3 201元，年均增长9%，高于城镇居民1.9个百分点。调研中发现，甘南州创新方式多途径促进群众增收，像迭部县扎尕那村通过发展农家乐、藏家乐、林家乐，为群众就地就近实现旅游增收搭建了平台，全村自主经营主体从2013年的25户发展到现在的近200户，游客达72.11万人次，旅游产业收入达1.73亿元，群众年人均纯收入从2013年的5 100元增长到2020年的1.5万元。碌曲县尕海乡尕秀村把农牧民深度嵌入产业链条中，全村81户建档立卡贫困户以"扶贫帐篷"入股晒金滩帐篷城，采取贫困户30%、一般户40%、投资风险金30%的"334模式"进行投资分红，每户分红3 600元，村集体经济解决就业146人，每人每年工资收入1.5万元。

（五）基层治理变活，巩固了和谐稳定的局面。甘南州作为涉藏重点地区，始终处在维护稳定的前沿阵地。甘南州委、州政府统筹发展与安全、治理与稳定，把民生融入治理之中，把民智贯穿决策之中，把民利汇聚共建之中，创新组织群众、发动群众的机制，形成了各族群众和睦相处、团结互助、仁爱友善、尊老爱幼、文明向上的社会环境。2017年，甘南州被国家民委命名为"全国民族团结进步创建示范州"，全州7县市成功创建"全国民族团结进步示范区"，创建命名率在全省乃至全国名列前茅。2019年，甘南州人民群众安全感满意度、扫黑除恶专项斗争满意度、群众对政法部门满意度均居全省第一。2020年，"社会治安好转""社会风气好转""地痞村霸欺压群众现象减少"三项指标均位列全省第一。

（六）精神状态变好，提升了内涵气质。在脱贫攻坚、环境革命、生态文明小康村建设、"五无甘南"创建行动的生动实践中，甘南州通过"改貌"与"改人"相结合，"鼓口袋"与"富脑袋"相统筹，不仅使城乡环境面貌发生翻天覆地的变化，更重要的是，广大农牧民从身边的发展变化中经受了前所未有的现代文明洗礼，深刻改变了千百年来的生活习惯和生产生活方式，促进了农牧民的全面发展、全面进步。特别是通过引导群众、发动群众、依靠群众，最终激发了各族群众的主人翁意识，变"要我干净"

为"我要干净"，推动环境卫生、人人支持环境整治、人人参与环境监督的良好氛围；变"要我脱贫"为"我要脱贫"，改变了"慵懒散"，弘扬了"真善美"，提振了"精气神"。全州各级党员干部尤其是基层党员干部在脱贫攻坚主战场挥洒心血汗水、奉献勤劳智慧，涌现出了"全国脱贫攻坚模范"张小娟等一批优秀代表。现在的甘南州，不仅整体环境发生翻天覆地的变化，而且爱护环境、保护环境的意识和行为已经升华为各族干部群众共同、自觉、坚定的"生态信仰"。

　　※ 节选自《雪域藏乡的美丽蝶变　甘南州深化乡村治理、推进乡村振兴的调研报告》

　　全文节奏明快，语言风趣，读起来其乐无穷。比如，"甘南州能有蝶变和嬗变，最根本的就是苦干和实干。这种干，是因地制宜、探索创新的'干'，是领导率先垂范、干群齐心协力的'干'，是一张蓝图绘到底、一件事情抓到头的'干'，是缺氧不缺精神、艰苦不怕吃苦的'干'。"文中用六个"以"详细介绍了"甘南之干"：以生态优先统揽乡村振兴、以科学谋划引领乡村振兴、以分类打造牵动乡村振兴、以产业富民支撑乡村振兴、以基层治理固本乡村振兴、以强力执行促进乡村振兴。

二、甘南之干：缺氧不缺精神的拼搏实干

蓝天白云、绿水青山绘就的美丽画卷背后，最可贵的是甘南州党员干部群众齐心协力攻坚克难的勇气，是认准一件事坚持做到底的决心。"这里的美景，一半是大自然的馈赠，一半是生活在这里人们的努力"，这是黑龙江省的一位领导在参加全国村庄清洁行动现场会观摩后的一番感慨。甘南州能有蝶变和嬗变，最根本的就是苦干和实干。这种干，是因地制宜、探索创新的"干"，是领导率先垂范、干群齐心协力的"干"，是一张蓝图绘到底、一件事情抓到头的"干"，是缺氧不缺精神、艰苦不怕吃苦的"干"。正如甘南州党员干部所说，他们是"喘着半口气干着一口气的活"。在深化乡村治理、推进乡村振兴的实践中，甘南州党员干部群众干出了一片新天地、干出了一番新事业。

（一）以生态优先统揽乡村振兴。甘南州委、州政府清醒地认识到生态地位的重大意义，坚持把生态优先、绿色发展融入乡村振兴的各方面、全过程中，发挥生态优势、挖掘生态价值，实现了生态美、生产美、生活美有机统一。

厚植"尚绿"理念。甘南州干部群众对自然生态骨子里有一种敬畏感，做决策、定政策、编规划，首先把保护生态环境放在第一位，他们用实际行动和创新实践，深刻回答"生态如何惠民、如何利民、如何为民"的绿色发展

之问。同时，甘南州文化旅游部门联合清华大学编写面向不同群体的《甘南州生态文明教育读本》（藏汉双语）丛书，分层次对全州党政干部、农牧民群众、中小学生进行生态文明教育，使生态文明理念深入人心、扎根灵魂。

开展"护绿"行动。坚决扛起生态环境保护政治责任，加快推动甘南黄河流域生态保护和高质量发展，统筹推进山水林田湖草沙冰综合治理，实施新一轮退耕还林（草）、天然林保护、湿地修复、水土保持等一大批生态工程项目。近几年，全州没有违规新建一座水电站、新开发一座矿山，没有污染一条河流，天蓝、地绿、水清的生态家园得以休养生息。

落实"增绿"举措。全面落实森林生态效益补偿、重点生态功能区转移支付和草原生态保护奖补等政策，大力推行草原禁牧休牧轮牧，有效释放生态红利。加快传统畜牧业转型，深入实施退牧还草、已垦草原综合治理、退化草原生态修复等工程，全力核减超载牲畜。全州实施草原禁牧887万亩，推行草畜平衡2 938.84万亩，已基本实现草畜平衡。

（二）以科学谋划引领乡村振兴。甘南州打破常规谋发展，敢为人先走新路，以"生态良好、生产发展、生活宽裕、环境优美、管理民主、和谐稳定"为目标，梯次谋划实施了环境革命、生态文明小康村建设、"五无甘南"创建行动"三部曲"，走出了一条具有时代特征、藏乡特点、甘南特色的发展路子。

环境革命"打底"。甘南州把环境综合整治作为一项发展之计、稳定之举、改革之策、民生之道，综合运用宣传、组织、统战和经济、行政、法律等多种手段，向人居环境"脏乱差"宣战，先后制定出台一系列关于环境综合整治的制度法规，坚持全民动员、全员参与、全域治理、全时保洁，各级党代表、人大代表、政协委员和教育界广大师生"五线同行"，各族群众积极响应、踊跃参与，万里草原人人都是环卫保洁工、个个都是宣传监督员。"环境革命"的彻底打响，革新了甘南州的整体形象和气质内涵，革除了人们的落后思想和保守心理，进一步增强了全州各族群众的获得感和幸福感。卓尼县入选"中国最美县域"榜单、"2020年全国村庄清洁行动先进县"名单，获得国务院农村人居环境整治奖励，迭部县被评为第四批国家生态文明建设示范县，合作市成功创建国家卫生城市。

生态文明小康村"提品"。甘南州探索创新农牧村发展新模式，率先提出以生态文明建设为统揽，以环境综合治理为切入点，以自然村为单元，建设生态文明小康村，致力促进农牧村绿色发展、和谐发展、可持续发展。制定生态文明小康村"965356"建设标准（基础设施达到"九化"、公共服务具备"六有"、富民产业实现"五提高"、区域环境落实"三整治"、卫生治理实行"五集中"、社会管理体现"六个好"），以基础设施建设为重点，以"六化七改三治两分离"行动（硬化、绿化、亮化、净化、文化、美化"六化"，改圈、改厕、改厨、改炕、改院、改房、改人"七改"，治乱建、治乱排、治乱弃"三治"，人畜分离、柴草分离"两分离"）为抓手，大力推进"生态人居、生态经济、生态环境、生态文化"四大工程建设，开创了甘南州有史以来农牧村投资力度最大、建设规模最大、覆盖范围最广、群众受益最多的发展模式。特别是把"厕所革命"作为改善人居环境的一项重要任务，科学合理选型，积极推广简单实用、成本适中、农牧民群众容易接受的改厕模式，在城镇及城郊污水管网覆盖到的农牧村推广使用水冲式等无害化卫生厕所，在川道地区、群众居住相对集中的村庄推广使用三格化粪池式、双瓮漏斗式等无害化卫生厕所，在干旱山区、高寒地区及偏远、分散农牧户以卫生旱厕为主推广使用双瓮漏斗或双坑交替式无害化卫生旱厕，共改建新建农村户用卫生厕所 74 692 座，普及率达到59.5%。截至目前，累计投入 156 亿元，建成生态文明小康村 1 603 个，覆盖了全州 54% 的自然村。全州有 16 个村成功入选国家名录，荣获"全国美丽乡村""中国美丽乡村百家范例""全国乡村旅游重点村""中国乡村旅游模范村"等荣誉称号，美丽乡村覆盖率位居全省第一。2019年，党中央、国务院将甘南生态文明小康村建设作为甘肃省改革开放40周年唯一成功典型在全国宣传推广。

五无甘南"增值"。为深入推动习近平生态文明思想在甘南大地落地生根、开花结果，把甘南州打造成青藏高原生态文明新高地、新时代绿色发展新高地、涉藏地区乡村振兴新高地、西北地区高原绿色有机农牧产品新高地、涉藏地区改革开放新高地，甘南州委、州政府在纵深推进环境革命的基础上，围绕"一年打响，释放甘南'力'；两年打通，凝聚甘南'情'；三年打透，叫响甘南'绿'；四年打成，塑造甘南'美'；五年打红，绽放甘南'好'"的目标，全面启动全域无垃圾、全域无化肥、全域无塑料、全域无污染、全域无公害"五无甘南"创建行动。目前，"五无甘南"一年打响的目标提前半年实现，全州乡村生活垃圾收运设施覆盖率达100%，有机肥替代化肥实现100%，废旧农膜、塑料袋等"白色污染"问题得到有效解决，国家明令禁止的化学农药彻底退出甘南市场，绿色发展升级版迈出坚实步伐。

（三）以分类打造牵动乡村振兴。甘南州按照"一村一规划、一村一方案"原则，立足地理位置、资源禀赋、人文底蕴、产业发展需求等不同情况，因地制宜，精准施策，避免发展模式趋同化、建设标准"一刀切"，实现了"一村一特色、一村一亮点"，绘就了一幅幅各美其美、美美与共的亮丽乡村图景。

生态体验型。对自然生态条件好的村，依托草原、森林、河流、田园、自然风光等，大力建设生态体验村。玛曲县阿万仓镇沃特村发挥"中国最美草原湿地"的独特区位优势，投资4600余万元打造全国最精致最优美旅游目的地，建设自驾车营地、帐篷度假区，完善文化广场、文化墙、观景台、雕塑、展览馆等村庄旅游服务设施，使旅游业成为牧村经济重要的增长点。

特色产业型。对有一定产业基础条件，适宜发展绿色种植、特色养殖、特需品加工的村，着重引导发展优势产业，建设特色产业村。舟曲县巴藏镇各皂坝村整合各方面产业项目资金，鼓励群众集体规划流转土地，引导扶持群众发展以经济林果业、特色种养业和庭院经济为主的富民增收产业，种植优质改良品种核桃8800余株200余亩，年收益24万元。

休闲度假型。对气候良好、景观优美、住宿洁净、交通便捷的村社，依托综合优势，建设休闲度假村。临潭县冶力关镇池沟村依托得天独厚的旅游资源，整合项目资金4 300万元、易地搬迁资金2 400万元，进行一体化风貌改造，打造了集生态观光、文化体验、旅游服务、人文居住等多功能于一体的文旅新村，被国际权威旅游杂志评选为一生要去的50个地方之一。

民俗文化型。对具有浓厚民族文化特色和民俗民情传统的村，突出文化资源和民俗风情，打造民俗文化村。舟曲县曲瓦乡岭坝村挖掘村庄历史遗址、风土人情、风俗习惯等文化元素，全力打造舟曲楹联文化、非物质文化遗产、苯教文献、东山转灯、国学文化论坛等文化名片，建成红瓦石墙的民居院落、独特的十二生肖年历石鼓、浓厚的国学文化墙、特色鲜明的楹联牌匾，被称为藏东高原幽谷的"国学村"。

红色旅游型。对有革命历史纪念意义和革命传统教育意义遗迹遗存、红色文化悠久厚重的村，着力挖掘红色历史文化，打造红色旅游村。迭部县达拉乡高吉村将红色资源和自然风景深度融合，依托俄界会议遗址、藏寨风貌、生态资源，擦亮"俄界"旅游品牌，打造"幸福路""鹿鸣山居""俄界会议"旧址等特色景点。

（四）以产业富民支撑乡村振兴。甘南州把培育壮大特色产业作为乡村振兴可持续、高质量的核心载体，坚持走生态出"钱景"，美丽生"财富"的绿色崛起之路，充分挖掘生态资源和高原特色产业优势，做足生态资源"大块头"、高原农牧特色产业"重头戏"两篇文章，着力壮大产业振兴双引擎，形成了文化旅游和特色农牧两大首位产业，推动甘南由"经济跟跑者"走向"生态领跑者"。

"靠山吃山"促文旅产业蓬勃发展。甘南州坚持把文化旅游产业作为推动经济转型、加快绿色崛起、实现富民兴州的最佳结合点，围绕高端化"建点"、精品化"连线"、一体化"布局"的思路，因地制宜、分类打造，着力建设7条精品旅游风情线和高原花卉彩色长廊，大力实施文化旅游"一十百千万"工程（做大做强"全域旅游无垃圾·九色甘南香巴拉"一个特色品牌，着力打造十五个文化旅游标杆村，探索创建一百个全域旅游专业村，加快建设一千个具有旅游功能的生态文明小康村，创新培育一万个精品民宿和星级农家乐）和国家A级旅游景区品牌战略，全域推进生态体验型、休闲度假型、民俗文化型、红色旅游型等旅游业态。建成文化旅游标杆村17个，全域旅游专业村103个，生态文明小康村1 603个，创新培育精品民宿和星级农家乐3 000余家，冶力关景区正在申报国家5A级旅游景区，创建了郎木寺、尕秀、扎尕那、阿万仓等10个国家4A级旅游景区，全州A级旅游景区达到35处，全面提升了"全域旅游无垃圾·九色甘南香巴拉"的主题品牌。依托红色资源，以打造迭部—舟曲—卓尼—临潭红色圣地旅游风情线为主轴，以迭部腊子口战役遗址、俄界会议旧址、茨日那毛主席旧居、舟曲特大山洪泥石流灾害纪念公园4个全国红色旅游经典景区为支撑，着力构建点上出彩醒目、线上耀眼夺目、面上赏心悦目的红色旅游新格局。2021年上半年，全州共接待国内外游客404.25万人次，旅游综合收入20.28亿元，同比分别增长242.6%和228.8%，分别是全省平均水平的2.3倍、2.2倍。

"放大优势"促特色农牧产业提质增效。依托资源禀赋、放大特色优势，大力发展牛羊育肥、牦牛藏羊繁育、犏雌牛奶牛养殖、特色种植、山野珍品开发利用、林产品精深加工等特色产业。全州建设形成了牦牛、藏羊、奶牛繁育、育肥、特色养殖"五大畜牧业产业带"和藏中药材、高原夏菜、优质青稞、杂交油菜、经济林果"五大种植业产业带"，实现了从"自给自足"到"商品经济"的大转变。2020年年底，各类牲畜存栏351.23万头（只），粮食总产量10.86万吨。实施牦牛乳业效益提升行动计划，扶持高原奶牛养殖，在重点养殖区域建成一批规模养殖基地和奶源基地。建设高标准农田10.2万亩、粮油绿色示范基地20万亩、青稞油菜中藏药材品种试验示范田1.5万亩，推广秸秆还田 5 万亩，全州马铃薯、中藏药材、油菜、高原夏菜种植面积分别达到 9 万亩、30 万亩、18.5 万亩、2.1 万亩。推进食用菌产业发展，在洮河、白龙江、大夏河沿岸连片种植以羊肚菌为主的食用菌 4 450 亩以上。夏河县以扎油乡羊肚菌种植产业试点为带动，在 3 个乡镇完成羊肚菌试点种植 50 余亩，亩产 400 斤左右、经济收入 20 000 元以上，真正为当地群众脱贫致富奔小康探索了一条新门路。

（五）以基层治理固本乡村振兴。甘南州以防范化解影响国家安全、社会安定、人民安宁的重大风险为着力点，积极探索"基层党建＋文明村社＋和谐寺庙＋十户联防"的"4＋"基层社会治理新模式，在推进基层治理体系和治理能力现代化上做出了有益探索。

突出组织、引领、带动"三力并进"，加强基层党建，确保正确方向。坚持把基层党建贯穿于基层社会治理全过程各方面，搭建"县市党委—乡镇（街道）党（工）委—农牧村（社区）党组织—网格党组织"四级组织架构体系，建立网格党支部 974 个、网格党小组 1 559 个，充分发挥基层党组织、广大党员在贯彻落实党的民族宗教政策、加强意识形态阵地建设、促进民族团结进步、开展反分维稳斗争、巩固党的执政根基的战斗堡垒作用和先锋模范作用，通过党组织领导网格、党员融入网格、网格凝聚群众，做到党在网格中建、人在网格中走、事在网格中办，把基层党组织的政治优势转化为基层社会治理的工作优势。

突出政府、群众、社会"三方联动"，激发动力活力，构建文明村社。大力实施党建亲民、铸魂育民、产业富民、生态惠民、暖心利民、治理安民"六大工程"，发展壮大基层纠纷调解、健康养老、教育培训、公益慈善、防灾减灾、文体娱乐、邻里互助、居民融入及农牧业社会化服务等各类社会组织，打通联系服务群众的"最后一公里"。持续强化道德养成教育，依托新时代文明实践中心（所、站），积极培育和践行社会主义核心价值观，弘扬中华民族优秀传统文化。

突出扩面、提能、增效"三位统抓"，因地因情施策，优化网格单元。坚持"以人为本、就近方便、界定清晰、易于管理"的原则，牧区实行"集中＋分散"、农区实行"聚居＋流动"、半农半牧区实行"常住＋生产"、城市社区和乡镇所在地实行"居住＋业态"的模式，全州划定网格3 027个、联防组8 540个。采取一个网格选配网格指导员1名、网格长1名、联户长（网格员）若干名的"1+1+N"模式，在履行反分维稳首要职责的同时，广泛开展社情信息搜集上报、矛盾纠纷调处化解、风险隐患排查报告、社会治安联防巡逻、法规政策宣传教育、公共事件应对处置、自然灾害预警预防等工作，在2019年夏河"10·28"地震、2020年舟曲特大山洪泥石流等自然灾害中发挥了关键作用。

突出自治、法治、德治"三治融合"，共建共治共享，释放叠加效应。坚持自治固本，组建以网格党组织为主体、群众代表参加的协商议事会，完善网格党组织领导下的村（居）民议事会、理事会、监事委员会等自治载体，广泛开展民情恳谈、村民说事、百姓议事等各类协商活动，推动形成民事民议、民事民办、民事民管的自治格局。坚持法治为纲，采取"车轮＋网络""带案释法""马背宣讲团"等方式，厚植尊法、学法、用法、守法的法治土壤，坚决杜绝"信访不信法""教规大于法""找寺庙不找政府"的不良风气。坚持德治润心，深入开展理想信念教育、形势政策教育和党史国情教育，引导各族干部群众牢固树立"五个认同""两个共同""三个离不开"的思想，在全社会推动形成明是非、辨善恶、知荣辱、守诚信的良好风尚。

突出科技、制度、机制"三项保障"，积极探索创新，推动常态长效。依托"雪亮工程"深入推进视频监控建设；在要害部门、重点区域、重要部位实行"探头站岗、鼠标巡逻"，有效提升了信息化条件下风险动态监测、实时预警和应急处置能力。加大政府财政保障力度，将"基层党建＋

文明村社＋和谐寺庙＋十户联防"基层社会治理工作经费纳入州县两级财政预算，用于工作推进、业务培训、表彰奖励、补助发放、以奖代补、一事一奖，制定出台从优秀网格长联户长中推荐选拔村组干部、困难网格长联户长救助保障措施等配套政策，进一步激发了网格长、联户长的工作积极性。将"基层党建＋文明村社＋和谐寺庙＋十户联防"基层社会治理工作纳入平安甘南建设目标责任书考核范畴，考核结果作为平安甘南建设考评奖惩、干部选拔任用和职级晋升、优秀网格长和联户长表彰奖励的重要依据。

（六）以强力执行促进乡村振兴。甘南州按照"党政主导、农民主体、社会参与、机制创新"的要求，强化组织领导，创新体制机制，有力推动乡村振兴各项任务有效落实。

坚持高位推动。成立由甘南州委书记任组长、州长任常务副组长的领导小组，组建专门办事机构，从制定规划、谋划项目、落实任务、协调问题、推动进度、跟踪问效全流程进行从细从实包抓推进。

强化资金保障。按照"渠道不乱、用途不变、各负其责、各记其功"的要求，对藏区专项、重点功能区生态转移支付、银行贷款、地方一般性债券及涉农资金等进行优化整合，最大限度保障重点工程、重点任务的顺利推进，确保每一类资金都用在刀刃上。

搭建交流平台。每年至少组织州、县、乡、村四级开展一次现场观摩活动，大家带着问题、带着责任，边观摩、边思考，有效促进县市、乡镇、村级之间在比较中寻找差距，在学习中互相提高，在交流中创新举措，在全州范围内形成了"比学赶超"的良好氛围。

严格督查考核。建立"5533"督查工作机制，制定《资金管理办法》《督查办法》《责任追究办法》等一系列问效问责办法，从正向激励和负向激励两个维度，对政策落实、责任压实、工作做实及成效达标等进行针对性考核评估，发挥了鲜明指挥棒作用，形成了齐心协力、上下同心的干事局面。

※节选自《雪域藏乡的美丽蝶变 甘南州深化乡村治理、推进乡村振兴的调研报告》

在最后部分，作者指出甘南州深化乡村治理、推进乡村振兴探索创造的经验可学可鉴，强调甘南之变归根结底是抓住了乡村治理这个"牛鼻子"，实现从"乡村小治理"到"社会大治理"的转变，是治理体系的创新和治理能力的提升。一是谋划与规划相辅相成；二是共建与共治相融互促；三是生态与业态相得益彰；四是方向与方法把控有度；五是面子与里子内外兼修；六是干事与成事有机统一。六个方面形成了此典型案例的解剖式调研报告的"精华"。

三、甘南之鉴：探索创造的经验可学可鉴

近几年，甘南州无论在环境还是在产业上的突围破局，归根结底是抓住了乡村治理这个"牛鼻子"，实现从"乡村小治理"到"社会大治理"的转变，是治理体系的创新和治理能力的提升。甘南州的经验和做法给人们以启示，只要思路方向对头，路径方法明晰，真抓真干真革命，就没有过不去的火焰山，就没有干不成的工作，就能在最"苦"的地方干成最"难"的事情。对此，甘肃省人大常委会副主任、甘南州委书记俞成辉深有感触地说："十年高原人，一生藏乡情。风雨无阻的跋涉，星夜兼程的奔波，灾难面前的冲锋，慎终如始的坚守，都镌刻着我人生最难忘的经历，积累了生命中最宝贵的财富。"甘南州的经验和做法，从内容内涵到方式方法，都具有重要的学习借鉴意义。

（一）谋划与规划相辅相成。习近平总书记强调，规划科学是最大的效益，规划失误是最大的浪费。甘南州在环境革命、产业培育和乡村治理上，都坚持"一盘棋"理念，把系统思维贯穿工作始终，进行深度谋划、科学规划。特别是在生态文明小康村建设中，主要领导亲自审定每一个村庄建设规划，从项目选点、建设内容、建设标准、项目整合、资金筹措、督查考核、责任追究、后期管理、长效机制等方面做了全方位的制度规定，跟进制定配套措施，在规划引领下形成了以点带面、连线成片的建设格局。甘南州的成功经验告诉人们，谋划思路、编制规划是干好工作的第一道工序，处于龙头地位。在推进乡村振兴的过程中，编制一个立足全局、切合实际、科学合理的美丽宜居乡村建设规划，有助于充分发挥县域融合城乡的凝聚功能，统筹合理布局城乡生产、生活、生态空间，加快促进城乡要素双向流动。

要突出规划引领。统筹县域城镇和村庄规划建设，优化功能布局，根据区位条件、优势资源、自然禀赋等，落实农房和村庄建设现代化的有关要求，系统谋划每个村庄的产业定位，推动各类规划在村域层面"多规合一"，全域全要素编制村庄规划。

要突出因地制宜。遵循村庄自身发展规律，结合发展乡村旅游，把保护建筑、保存风貌、保全文化、保有生活统一起来，彰显乡村的土气、老气、生气、朝气，留住记忆乡愁，传承文化肌理，切忌千村一面的简单复制、一哄而上的盲目建设，打造"一村一业""一村一品""一村一景""一村一韵"新格局，形成各具特色的村庄形态。

要突出执行落实。思路和规划一旦形成，就要一张蓝图绘到底，不折不扣抓落实，充分发挥领导干部在乡村振兴中的督查、指导、协调作用，坚决避免"拍脑袋"决策和"翻烧饼"行为。

（二）共建与共治相融互促。中共中央、国务院《关于加强基层治理体系和治理能力现代化建设的意见》提出，力争用5年左右时间，建立起党组织统一领导、政府依法履责、各类组织积极协同、群众广泛参与，自治、法治、德治相结合的基层治理体系，健全常态化管理和应急管理动态衔接的基层治理机制，构建网格化管理、精细化服务、信息化支撑、开放共享的基层管理服务平台。甘南州立足谋长久之策、行固本之举，在乡村治理上进行了一些探索创新，主要是把政府意志和群众意愿结合起来、把典型示范和面上推开结合起来、把政府有为和市场有效结合起来，开创了共建、共治、共享的基层治理局面。甘南州的成功经验告诉人民，要把抓基层、打基础作为长远之计和固本之举，积极推动资源、管理、服务不断向基层倾斜，让基层党组织手上有权、肩上有责、减负增效，真正成为宣传党的主张、贯彻党的决定、领导基层治理、团结动员群众、推动改革发展的坚强战斗堡垒。

要体现党的领导，完善村党组织领导乡村治理的体制机制，建立以基层党组织为领导、村民自治组织和村务监督组织为基础、集体经济组织和农民合作组织为纽带、其他经济社会组织为补充的村级组织体系，探索党建引领下的乡村振兴新模式、社会治理新机制。

要体现群众主体，群众是乡村治理的主体者、受益者，要充分尊重群众的主体地位，完善群众参与基层社会治理的制度化渠道，依托村民会议、村民代表会议、村民议事会、村民理事会、村民监事会等自治组织，鼓励农村开展村民说事、民情恳谈、百姓议事、妇女议事等各类协商活动，调动广大群众的积极性、主动性、创造性，探索自治、法治、德治融合治理之路，推动建设人人有责、人人尽责、人人享有的社会治理共同体。

要体现市场作用，乡村振兴是一个庞大的系统工程，政府不可能大包大揽，也是大包大揽不了的，要创新市场主体参与乡村振兴的体制机制，推进农业供给侧结构性改革，推动城镇和农村融合发展，让市场在乡村资源配置中发挥决定性作用，特别是要以市场方式完善利益联结机制，把农民嵌入产业链上，使他们获得更加稳定持久的产业增值收益。

（三）生态与业态相得益彰。坚持以生态优先、绿色发展为导向，用新业态推动乡村产业转型升级和提质增效，是引领经济高质量发展的有效路径。甘南州坚持把原生态与现代性有机统一起来，严守生态红线，严把项目准入关口，避免低水平、低层次、低质量建设，提高了经济发展的含新量、含绿量、含金量，把生态环境、旅游资源、文化禀赋转变为发展红利。甘南州的成功经验告诉人们，要正确处理经济和生态的关系、牢固树立相互依存的导向，坚持生态优先、绿色发展，通过产业结构调整和技术工艺改进保护好生态环境，通过加快生态文明建设为经济发展提供更大空间。特别是全面推进乡村振兴，不是简单的村庄整治和环境改善，而是对乡村进行整体化建设和品牌化经营，不仅让乡村环境美起来，还能催生出乡村新产业新业态，让广大农村有产业、有就业，让群众有活干、有收入，真正实现生态美、产业旺、百姓富的有机统一。发展中保护、保护中发展是永恒主题，全面落实主体功能区规划，划定并严守生态红线、耕地保护红线和城镇开发边界红线，用好"双碳"政策机遇，积极探索生态产品价值实现路径，把生态价值更多地转化为经济价值，用生态业态的融合统一促进高质量发展。生态产业化、产业生态化是不二法门，要充分发挥资源禀赋，以发展壮大县域经济为抓手，紧盯市场潜力大、本地有条件的产业，突出文化旅游、中医中药、特色农业、健康养老等产业领域，实施一批重大项目，培育一批龙头企业，切实转变发展方式，大力培育乡村新产业、新业态，努力扩大市场份额，切实让生态更有效益、让产业更具活力。

（四）方向与方法把控有度。推进乡村振兴战略，关键是科学处理好顶层设计和底层实践的关系，推动方向和方法实现有机结合。甘南州在深化乡村治理、推进乡村振兴的实践中，有效把控思路方向与方式方法，因时、因地、因村制宜，灵活精准施策，特别是抓住村党支部书记和村"两委"班子这个关键，千方百计创造条件让他们走出去开阔眼界、转变观念、增长本领。同时建立健全奖惩激励机制，设置环境整治"红黑榜"，一月一通报，半年一观摩，在综合评分高的县市召开现场推进会，激发奋勇争先、赶超进位的动力和活力。甘南州的成功经验告诉人们，推动乡村振兴，要坚持系统思维、整体谋划、因地制宜，在科学分析自然条件、自身实际、区域特色、群众意愿等方面的基础上，找准方向和路子，调整优化政策举措，合理摆布工作力量，精准把握工作节奏，力求取得最好效果和最大效益。在统筹谋划上，坚持巩固脱贫成果、加强生态保护、培育产业发展、推动乡村建设、强化基层党建多篇文章一起做，不搞单兵突进的"单打一"，不搞步履整齐的"齐步走"。在资金使用上，坚持精准投向、精准实施，分区域、分类别、分梯度布局建设，不搞大水漫灌、撒胡椒面的"平均化"，提高财政资金使用效率，把钱花在紧要处。在典型带动上，发挥村"两委"班子、大学生村官、返乡创业者等能人的带动作用，多组织学习观摩和现场感受式学习培训，做到干中学、学中干，培养更多爱农业、懂技术、善经营的新型职业农民。在建章立制上，统筹常态化抓落实与长效化建机制，对实践检验行之有效的经验做法，要长期坚持，并及时上升为制度规范，同时要强化制度执行，维护制度的严肃性和权威性。

（五）面子与里子内外兼修。习近平总书记深刻指出，实施乡村振兴战略不能光看农民口袋里票子有多少，更要看农民精神风貌怎么样。在实践中，甘南州大力开展城乡环境综合整治和生态保护工作，持续加大"改院、改房、改圈、改厕、改厨、改炕"力度，向"面子"要颜值和气质；同时通过多措并举发展村集体经济，革除陈旧观念和落后方式，下大力气净化乡风，向"里子"要价值和素质。甘南州的成功经验告诉人们，乡村振兴不仅要因地制宜、因地施策，在乡村面貌上下功夫，更要内外兼修，形成文明的乡风民风和良好的社会风气，做到"面子"和"里子"和谐统一。全面推进乡村振兴，"改貌"是首要任务，以乡村建设行动为依托，扎实开展村庄清洁行动，特别要抓好厕所革命这场农村人居环境的第一场硬仗，注重因地制宜、科学引导，坚持数量服从质量、进度服从实效，求好不求快，坚决反对劳民伤财、搞形式摆样子。"造血"是动力源泉，加快发展村集体经济，引导、扶持村集体盘活农村闲置土地资源，兴建标准厂房、仓储设施等，通过物业租赁经营等方式，发展集体物业经济，增加村集体收入，壮大乡村产业，持续巩固拓展脱贫攻坚成果，引导脱贫群众增强"我要振兴"意识。"新风"是内在保障，开展文明村镇、农村文明家庭、星级文明户、五好家庭等创建活动，培育乡风文明，塑造人文新风。

（六）干事与成事有机统一。甘南州的变化和成就，说到底就是把精心谋事、用心干事、专心成事很好地统一起来。在推进全域无垃圾之初，甘南州的干部群众有顾虑、外界有质疑，但他们始终如一、咬住不放，一边探索创新、一边完善制度，在理念、思路、政策、措施、力度等方面保持连续性、稳定性，先易后难、循序渐进，特别是甘南州主要领导在系统谋划、科学决策的基础上，始终坚持亲自过问、亲自上手、亲自部署，带动基层干部的思想观念、发展理念、能力素质、作风形象有了全面提升。甘南州的成功经验告诉人们，志不求易者成，事不避难者进。谋发展、抓工作、促落实，既要有想事谋事的大智慧，又要有干事成事的真本领，要把为民办事、为民造福作为最重要的政绩和检验工作的标尺，引导广大党员干部精心谋事、潜心干事、专心成事。科学精准谋事。要上接天线、抬头看路，学习研究政策，把握发展大势，强化全局意识，提高战略思维能力；要下接地气、眼睛向下，重视调查研究，用脚步丈量民情、用实干赢得民心，了解基层群众所思、所想、所盼，到一线掌握真情况，发现新问题，寻找新方法，使工作目标切合实际，工作路径切实可行，工作方法对路有效。攻坚克难干事。要不回避矛盾、不掩盖问题，特别是针对涉及农村"三块地"改革、生态移民搬迁等矛盾多、困难大的工作，更要攻坚克难，在难事面前显担当，在攻坚中看智慧，在创新中看意志，在实际效果中看本色。久久为功成事。要对看准的事情和谋划好的工作，坚持不动摇、不折腾、不懈怠，说了就办、定了就干、干就干好，以钉钉子的精神接续奋斗，切实做到在破解难题中成事、在把握机遇中成事、在实现愿景中成事。

　　※ 节选自《雪域藏乡的美丽蝶变　甘南州深化乡村治理、推进乡村振兴的调研报告》

　　总体来看，这篇调研报告思考深入，结构清晰，语言鲜明，内容极其丰富、生动，是一篇有代表性的典型案例的解剖式调研报告，令人回味无穷。

第八章

推动落实的督查式调研报告

第一节　深度解读推动落实的督查式调研报告

　　督查是指通过一定的监督手段，对某一领域、某一机构、某一行业或某一群体进行监督和管理的行为。督查的目的是发现问题、解决问题、促进工作落实，确保国家政策有效落实，确保人民利益得到有效保障，确保经济稳定发展与社会长治久安。督查通常由上级机构对下级机构或由专项督查组对相关单位进行监督和检查，确保相关主政机构、主管部门、相关单位或有关企业的工作符合国家有关要求、规定和标准，达到预期效果。

一、推动落实的督查式调研报告概述

　　什么是推动落实的督查式调研报告（以下简称"督查式调研报告"）？首先说明督查与督察的区别，督查与督察都以督为主，但区别就是后一个字。两者大方向是一致的，但侧重点有所不同。督查是例行检查，上级查看下级工作有何问题、政策落实情况如何，帮助并指导其解决问题。而督察有时更倾向于地方有违法乱纪行为时进行的检察。一般来说，督查以检查为主，督察以监督为主，但是对于督查报告与督察报告，都是对问题进行检查，调查方式、报告内容基本类似。因此，督查式调研报告就是指通过实地调查、听取汇报、查阅文件、审计核算、明察暗访等一系列手段，对相关单位关于环保治理、经济发展、民生就业等各领域工作是否有效落实开展督查督办所写的报告。督查最核心的就是找问题，推动问题解决。

督查工作是督促各级落实党中央、国务院政策、方针、要求的重要手段，具有很强的政治性、严肃性、原则性。开展督查不能随心所欲、不能任性妄为，要始终坚持以习近平新时代中国特色社会主义思想为指导，认真贯彻落实党中央、国务院决策部署，坚持以人民为中心，以推动高质量、解决发展的突出问题、解决人民群众"急难愁盼"的问题为重点，推进工作落实、实现标本兼治。2020 年 12 月 26 日，国务院公布《政府督查工作条例》，明确了政府督查是推动党中央、国务院决策部署贯彻落实的重要手段，是健全行政监督制度的重要内容，对保障政令畅通、提高行政效能、促进政府全面依法履职、推进国家治理体系和治理能力现代化具有重要意义。

目前，常见的督查方式有：①要求督查对象开展自查及情况说明，开展工作汇报和有关专题汇报；②与督查对象党政主要负责人和其他有关负责人进行个别谈话，针对督查发现的突出问题，可以视情况对有关党政领导干部实施约见或者约谈；③受理人民群众生态环境保护方面的信访举报，并开展相关检查、访谈与暗访；④调阅、复制有关文件、档案、会议记录等资料进行查阅；⑤对有关地方、部门、单位及个人开展走访问询；⑥针对问题线索开展调查取证，并可以责成有关地方、部门、单位及个人就有关问题做出书面说明；⑦召开座谈会，列席督查对象有关会议；⑧到督查对象下属地方、部门或者单位开展下沉督查；⑨运用现代信息技术手段开展"互联网＋督查"；⑩提请有关地方、部门、单位及个人予以协助等。

总体来看，督查工作要对国家负责，要对人民负责。

督查式调研报告的特点如下。

（1）**严肃性**。督查工作本身具有严肃性、政治性，需要较真碰硬的勇气和对问题紧盯不放、深挖细抠的执着。督查式调研报告是督查工作的成果，直接反映被督查单位的工作情况，甚至对发现的相关严重问题问责追责，涉及违法犯罪的事实还需移交公检法。因此，督查报告不得含糊，不得浮泛地写。

（2）**客观性**。在编写督查式调研报告时必须真实客观，实事求是，不夸大事实，也不掩盖问题，不误导上下级关系。报告要客观评价、客观检查，客观公正地评价督查对象的工作表现，不欺骗上级、不弄虚作假，不故意遮掩存在的问题。

（3）**保密性**。由于督查工作的特殊性，相关督查过程需要严格遵循有关程序安排，督查人员应当严格执行保密制度，严禁泄露督查工作情况。督查式调研报告的编写过程必然遵循相关保密要求，在向上级管理部门汇报后应当按照有关要求对外公开，回应社会关切。

督查式调研报告有哪几类呢？根据督查工作性质、督查内容、重点，督查式调研报告主要可以分为例行督查、专项督查及"回头看"督查。因此，督查式调研报告也可以分为例行督查报告、专项督查报告及"回头看"督查报告。例行督查报告是以日常管理制度的执行落实情况常态化、标准化开展督查所编写的报告，例行督查通常需要按照一定的要求与程序开展。专项督查报告一般是由专项督查组按照既定的督查任务或督查主题，重点针对突出的问题开展督查所编写的报告，该报告内容客观、翔实。"回头看"督查报告是针对前期督查反馈的问题是否有效开展整改而编写的报告，是聚焦对问题整改情况的报告，推动有关问题切实得到整改。

二、如何写好推动落实的督查式调研报告

要写好督查式调研报告，前提是务必做好督查工作。干好督查工作是写好督查式调研报告的基础与前提，督查过程始终需要瞄着问题督、奔着问题查、盯着问题改。

瞄着问题督：督查工作开始前，要提前做好督查准备工作，

要制定督查工作方案或计划，确定督查组人员，明确督查内容、督查问题及督查相关安排，并确定督查有关纪律。督查前还需要提前掌握相关督查线索，始终围绕要督查的问题确定调查安排。

奔着问题查：开展督查是要奔着问题查，因此要去"真现场"，要听"真情况"，直奔现场，实地暗访，实地取证，实地调查，要力戒形式主义、官僚主义，不搞作秀式、盆景式和蜻蜓点水式调研，防止走过场、不深入，督深查透，督在关键处、查在要害点。

盯着问题改：督查是为了发现问题，但是促进问题解决才是根本目的所在。督查发现的问题要确定整改方案，明确责任单位、整改期限，全面落实整改要求，并定期开展"回头看"活动，确保问题改到位，加强对问题解决情况的督查督办和跟踪问效。

写好督查式调研报告前要做好哪些准备？

一是要充分了解督查重点。督查是按照一定主题来开展的，督查报告质量取决于有没有真正把握到位对督查内容的认识。督查工作开展前优先制定《督查工作方案》，明确督查重点与安排，把握督查核心任务，甚至在开展督查的同时，同步建立问题线索收集、涉企服务部门群众满意度测评、营商环境领域作风纪律明查暗访等机制，对督查工作做好充分的准备。例如，某地的专项行动督查内容包含优化项目全生命周期服务管理督查、项目招商引资全过程督查、企业"急难愁盼"问题督查、营商环境评价指标专项督查、营商环境领域作风纪律督查五个方面，并采取了多项具体督查举措，形成从招商引资、企业落地、要素保障、项目建设到生产经营全链条督查机制，来实现对优化营商环境关键领域、关键环节、关键人群的重点覆盖。

督查式调研报告的重点是围绕《督查工作方案》规定的内容撰写，切勿随意扩展其他领域、其他主题。

二是既要肯定成绩，又要善于发现问题。调研的过程就像办案取证的过程，干得好与干得坏，都需要确凿的证据。目前，督查基本上都会采取听取汇报、查阅资料、实地查看、现场提问、政企座谈这几种方式共同开展，通过这些督查获取真实的信息。首先要对每一条收集的线索建立台账，逐个抽丝剥茧，逐项销号，善于发现问题。督查报告的价值在于对工作情况的全面掌握，在于对问题的发现，在于对问题的深度分析，同时要及时做好访谈记录等相关证明材料，并作为督查式调研报告的附件。例如，某地区某项关键指标排名靠后，督查组要对指标完成情况开展实地摸排，分析找准指标落后的关键原因。

三是要突出地方特色。每个地方地理位置、发展环境、发展优势、资源条件、文化情况、产业结构、班子智慧等都不一样，对于政策的落实可能有其独特的地方特色。督查过程中需要研究当地的特色情况，对于新情况、新变化、新现象要予以关注，特别是对一些新做法、新经验要充分、详尽描述。它们极有可能作为较好的典型经验开展更大范围的推广应用，推动国家政策在更大范围扎实落实以取得更大的成效。

第二节 怎么写推动落实的督查式调研报告

一、推动落实的督查式调研报告如何写

如何编写督查式调研报告呢？笔者从 0 到 1 向大家讲解。

（一）报告开头怎么写

督查式调研报告的开篇是整个报告的"引子"，一般应简明扼要，用简短的几句话概述，直接表明开展督查的背景和目的，用极少的文字精准描述关键信息，使人一看就明白督查的来龙去脉和报告所反映的主要内容。一是要简要说明督查组根据上级管理机构或国家有关安排的什么指示、什么要求开展督查；二是要简要说明是在什么时间段、对哪些地方和部门贯彻落实什么决策部署开展督查；三是考虑叙述发现的问题情况，或提出有关的意见建议。

例如，报告开头可以这样写：

　　"最多跑一次"是今年"放管服"改革的一项重大举措，为深入掌握我市"最多跑一次"改革落实情况，市政府督查室牵头成立督查调研组，于4月××日—5月××日，深入市县××个单位进行专项督查调研，累计发现××问题××项，形成如下报告。

（二）进展与成效怎么写

　　一般情况下，正文的第一部分主要讲督查的总体情况。总体情况建议采取总分形式，首先需要介绍督查的方式、总体工作情况，对决策部署落实的总体情况进行提炼概括，督查的具体过程要讲深、讲全，目的是让领导了解督查实施的全貌和督查人员所做的工作，然后分项介绍对相关政策、要求的落实情况。政策成效应结合要督查的重点来写，不是督查内容相关的不必写。

　　例如，某项工作的进展可以这样写：

　　督查调研采取听取汇报、查阅资料、现场提问、政企座谈等方式，重点围绕"放管服"改革"最多跑一次"相关重点任务推进落实、政务服务平台建设情况等方面开展督查调研。总体来看，×××及有关部门认真落实工作部署，稳步推进××"最多跑一次"改革，公布了首批试点单位××个主项××个子项的部门间"最多跑一次"事项目录，人民群众与企业服务综合满意率提升××%。

在写到分项成效时，可以分3～5个段落重点描述相关落实情况，主要肯定相关决策部署落实进展成效。

例如，某个维度的成效可以这样写：

改革重点有效突破。围绕"最多跑一次"改革总体目标和要求，找痛点、通堵点、破难点，重点领域改革按照时间节点有效展开。一是"一窗受理、集成服务"改革全面实施。市县两级行政服务中心的"一窗受理"基本调整到位，纳入窗口的事项依靠部门协同和流程再造，办事环节更加精简，办事效率大为提高，有效解决了"多头跑"问题。二是重要领域和关键环节改革取得新进展。特别是涉及多环节多部门、面广量大的不动产交易登记，基本实现全程"最多跑一次"，群众只需取一次号、排一次队、交一份材料，各地平均办理时间从2～3小时普遍缩短到×分钟左右。三是"互联网＋政务"建设加快。××个市级部门、××个区县（市）、××个开发园区开设了网上服务窗口，全面推进行政审批、行政处罚等十类权力事项的"一站式"网上办理与全流程效能监督。全市××以上的行政审批类事项已实现"网上申请，现场跑一次"，一批与企业、群众生产生活紧密相关的事项实现了"网上办理、快递送达"。

（三）亮点工作怎么写

若该地区相关工作具有亮点工作，需要将其亮点提炼归纳，突出特色的做法，可单独成章进行描述。在对亮点工作的叙述上，可以分类分维度描述，也可以分条目分别描述。

例如，某个特色做法可以这样写：

××单位自主研发"××一站式服务平台"，利用医疗数据达到限额自动预警功能，持证对象零申请获取助医临时救助金，开发老年优待证制证系统，老年人首次办证无须申请直接送证上门，窗口补证实现即来即办，今年已送证上门××万余张。

（四）存在的问题怎么写

问题就是要把督查过程中发现决策部署执行不到位的地方和

不落实的问题串联融合起来，把点滴、零碎的督查记录整理出来，加工梳理，客观真实地进行反映。要做好问题的归纳分类，重要的问题突出讲，相同的问题举例讲，相似的问题归类讲，不同的问题分开讲，要尽量做好聚焦，避免记流水账，避免把问题说散、说乱。

　　例如，某个存在的问题可以这样写：

　　办事大厅服务有待进一步提质增效。虽然各地行政服务中心的服务质量、服务效率已大幅提升，但仍存在改进和提高的空间。一是作为"最多跑一次"主抓手的"一窗受理"整合尚未完全到位。由于办理标准、人员力量、内部融合机制欠缺等因素影响，难以真正实现"前台综合受理、后台分类审批、综合窗口出件"设计模式。如不动产交易登记虽然已建立了"一窗受理"，但仍分别需要从三个数据库输入三套数据，没有真正实现全程流转。二是部分窗口人员对业务办理的流程和标准不熟悉，特别是对于复杂案例的审核、把握和处理等业务能力需要继续提升。窗口人员多为合同制聘用人员，工作强度高、工资待遇低、流动较频繁，也是影响服务质量和效率的重要因素。三是有的行政服务中心的事项集中度和进驻率有待提高。群众对公积金中心和车辆年检部分事项未进驻行政服务中心的意见较为集中，乡镇（街道）、村（社区）便民服务中心建设比较薄弱，与基层群众的服务需求存在一定差距。四是配套设施有待加强。有的窗口设置不够科学合理，窗口忙闲不均，群众办事等待时间较长。缴费缴税仍要到银行排队缴纳，POS 机、支付宝运用较少。

—— 来源于网络

（五）有关建议怎么写

督查的问题找准了，就要重点提出有针对性的对策建议和工作措施，为推动各地各有关部门改进相关工作提供重要参考依据。建议一般提 3 ~ 5 条，需要与问题契合，要针对问题提出指导建议。

例如，某条建议可以这样写：

建议进一步优化政府管理职能。以"最多跑一次"改革为抓手，积极推进政府职能改革和行政方式改革，除行政许可项目之外的事项，政府按照先准入、再监管的思路更多地通过规划、拨款、评估等办法实现宏观指导和间接管理，进一步梳理取消更多的前置审批事项，更多地通过事中事后监管办法行使政府监管职能。对于企业投资项目等高频事项，建立负面清单，负面清单之外通过"事前管标准、事中管达标、事后管信用"的办法，减少审办环节。
对于申请人按照国家标准申请、审批部门按照国家标准进
行审批的事项，应允许转为事中事后监管的方式不再前置
审批。

—— 来源于网络

二、推动落实的督查式调研报告的客观性如何体现

督查式调研报告的重点是体现客观性，客观性本质就是全
面、真实、客观、精准呈现工作情况，具体表现为四个方面。

要多列举事实。在开展督查工作过程中，要尽可能关注客观
事实，尽可能列举具体的客观情况。这些客观情况不以人的意志
为转移，是真实存在、客观发生的，切勿主观臆想实际情况。例
如，某地区发生什么事件，该事件就是客观存在的，不以人的意
志为转移；关于安全生产督查，某地发生的好几个特大型生产安
全事故，这些事故就是存在的客观事实。客观事实主要是被督查
地区发生的、存在的事实。特别是提到存在的问题，也要列举客
观事实，因为问题并不是督查组想象出来的，是真实存在的。例
如，某地环保专项督查，存在一些地方"两高"项目违规问题，
既要说明违规项目基本情况，也要点出具体的违规项目典型案

例，这些具体的案例就是客观事实，让人员清楚违规情况。

要多用数据说明。数据本身就是一种客观的体现，但是要多列举整体的宏观数据、具有代表性的数据、能够反映情况的数据。例如，某地区的关键评价指标，指标数据固然能够反映相关工作落实的成效；某地市某个关键评价指标排名全省第一，那么这个地市必然在这个关键指标完成方面表现不错；某地环保专项督查，存在一些地方"两高"项目违规问题，那么违规项目占比、数量等关键数据能反映情况。

要多用行动化的表述。行动化的表述本质上就是曾经开展的工作动作。某地区因为开展某项工作专门印发了某个专项文件，印发文件就是一种行动，是客观存在的，因为在办公系统、媒体发布会等都能找到，所以政策文件的印发、宣贯推动工作落实，就是客观存在的事实。行动化的表述一般以"开展、实施、建立、制定"等动词开头，如制定修订生态环境领域地方性法规 8部、省政府规章 3 部、地方环境标准 30 部，设立 ×× 生态文明综合试验区，创建 32 个国家生态文明建设示范市县，这些就是行动化的表述。

工作评价的描述要客观精准。工作评价是指对某项工作开展的成效所进行的评价。例如，某市工作干得特别好，某项关键指标从来没拿过全省前五，这次在工作推进的成效中，这项指标能够在全国排在前三，那么可以称这项工作取得"历史性突破"，在肯定成绩、暴露问题的时候，评价务必要精准、客观。有的工作是"深入推进"，可能就是还没有取得大的成果；有的工作是"取得重大进展"，那就要列举"进展"在哪里；有的工作是"取得突破"，那就要列举"突破"的什么。对于存在问题也是如此，最好用客观事实说明。例如，说到"两高"项目违规问题突出，就需要列举客观事实或数据来表现"突出"，若已经违规的项目占比超过一半，那肯定就是"突出"。

第三节　好文解析

陕西某市政府官方网站刊登了一篇《××市深化"放管服"改革 优化营商环境督查调研报告》。这篇报告是一篇典型的推动落实的督查式调研报告。

一般来说，督查式调研报告需要客观展示督查的内容，因此在写作特点上相对来说"保守""严谨"，我们展示的这篇调研报告的标题设计如下所示。

××市深化"放管服"改革

优化营商环境督查调研报告

一、总体情况

二、特色亮点

三、存在的问题

四、对策建议

※ 节选自《××市深化"放管服"改革 优化营商环境督查调研报告》

在第一部分总体情况中，作者介绍了通过什么方式对什么内容开展督查，即重点围绕"放管服"改革优化营商环境重点任务推进落实、相对集中行政许可事项划转、《优化营商环境条例》贯彻实施等方面开展督查，总结了督查结果，并介绍了该地区优化营商环境工作的成效（即市场主体数量大幅提升）。

一、总体情况

督查调研采取听取汇报、查阅资料、实地查看、现场提问、政企座谈等方式，重点围绕"放管服"改革优化营商环境重点任务推进落实、相对集中行政许可事项划转、《优化营商环境条例》贯彻实施等方面开展督查调研。总体看，全市各级政府及有关部门认真落实工作部署，扎实推进各项工作，营商环境得到持续优化提升。截至11月底，全市今年新增市场主体5.02万户，与上年同期相比增长66.39%。现有累计市场主体25.91万户，同比增长19.02%。

我市市场主体三年、五年、十年存活率均高于全省平均水平，其中 2011—2020 年十年存活率 76.03%，位居全省第一。

（一）重点任务稳步推进。相对集中行政许可事项划转工作已于 8 月底前全部完成，市级 249 项已全部划转到市行政审批服务局集中实施，各级政府及有关部门累计划转事项 2 094 项，全面实现"应划尽划"目标。对划转事项按照"减环节、减材料、减时间、减跑路次数"标准流程再造，并行推进"一业一证""一件事一次办"等改革举措，市级所有划转事项审批环节、材料减少 30% 以上，审批时间减少 50% 以上，办事跑路次数减少 40% 以上。工程建设项目审批制度改革扎实推进，将全市 79 项工程建设项目审批事项压减至 41 项。梳理全市告知承诺制证明事项 235 项，建立清单并对外公布。市级"证照分离"改革全覆盖工作全面完成，市级 71 项涉企经营许可事项按直接取消审批（10 项）、审批改为备案（4 项）、实行告知承诺（8 项）、优化审批服务（49 项）四种方式分类推进改革，进一步建立起简约高效、公正透明、宽进严管的行业准营规则，市场主体活力和社会创造力进一步激发。

（二）惠企政策认真落实。全面落实中（央）、省财政资金直达、减税降费等政策措施，探索出台新冠肺炎疫情防控促消费 8 条、中小企业健康发展 9 条、经济恢复性增长 17 条助企纾困措施，力促"六稳六保"。财政部门落实直达资金管理机制，及时将资金拨付到县区及相关部门。截至 11 月底，2021 年中（央）、省惠企资金预算下达分配率 99.93%，实际支出率 89.8%。1—10 月，全市执行减税降费政策共 3.86 亿元。税务部门进一步简化优化纳税申报服务，推进企业开办全程网办和企业名称自主申报告知承诺制，推出便民办税"春风行动"，将财产和行为税合并申报，投入自助办税设备，设立 24 小时自助办税服务区，形成"线上线下"相结合的多样化办税方式，152 个办税事项实现"最多跑一次"。各级政府及有关部门扎实开展中介机构、行业协会商会、水电气暖等公用事业和商业银行等重点领域涉企收费专项治理工作，企业负担进一步减轻。

（三）审批服务质效提升。建设"安新办"政务服务系统，市级 1 204 项事项"一门办理"，143 项事项"全程网办"，500 项事项"掌上可办"。对重点企业项目实行"帮办代办"，建立"办不成事"问题反映机制，服务质效持续提升。各级政府及有关部门持续深化"互联网＋政务服务""互联网＋行政审批"等改革，全市各级政务服务事项网办率达到 90% 以上。深化商事制度改革，允许"一址多照、一照多址"，推行"多证合一""先照后证""照后减证"，对符合简易注销申请条件的企业 1 个工作日内办结。企业开办实现"网上办""微信办",新设立企业审批时间压缩至 1.5 个工作日以内。协同推进"省内通办""跨省通办",300 项省级行政许可事项可在××办理,市本级与湖北十堰市,汉阴、平利、高新等县区与浙江、江苏、重庆等实现"跨省通办"。扎实推进数字政府建设,已编制《数字政府建设三年行动计划方案》,××智慧治理平台一、二期项目均已上线运行,数字城管、智慧气象等已入驻智慧治理指挥中心,"建设'一网一云一平台'打造××数字化发展新高地"案例被 2021 中国国际大数据产业博览会评为"2021 数字政府管理创新奖"。

(四)《陕西省优化营商环境条例》宣贯深入开展。完善市级信用信息共享平台建设,加大政府信息公开力度,扎实推进诚信政府建设。各级政府及有关部门均采取灵活多样的方式宣传贯彻《陕西省优化营商环境条例》。市营商办制定《营商环境投诉举报处理暂行办法》,闭环处理12345 热线营商环境投诉举报,优化营商环境民主监督和效能审计。市司法局将优化营商环境宣传纳入年度普法计划,与××广播电台联合主办了《与法同行》普法专栏,专题解读《陕西省优化营商环境条例》,开展营商环境条例进企业宣传活动。市行政审批服务局通过门户网站、微信公众号、政务大厅电子屏等平台转载宣传优化营商环境条例相关内容，石泉、平利、岚皋等县印制了优化营商环境条例宣传册，为营商环境持续优化营造了良好氛围。开展全市审批服务改革"十大案例"评选活动，评选最佳案例、优秀案例、提名案例各 10 个，以点带面示范推广。

　　※节选自《××市深化"放管服"改革　优化营商环境督查调研报告》

　　该报告第二部分主要介绍了改革优化营商环境工作的特色亮点。作者采取总分模式，分条目地列举了各区县的典型经验，用相对凝练的文字介绍了具体做法。

　　二、特色亮点

　　各级政府及有关部门扎实推进"放管服"改革优化营商环境工作，积极探索创新，不断总结完善，进一步为市场主体和群众办事减负担、增便利。石泉县创新开展"服务水电气、利企直通车"活动，优化流程、精减环节、压缩时间、减少材料、降低费用，实行"集中踏勘，联合审批"，实现了水电气报装全程"零跑路、零审批"。汉阴县探索设立企业还贷周转金机制，实现企业融资成本和时间成本"双下降"、财信担保和银行风险"两降低"，有效破解中小企业融资难、融资贵等问题，其经验先后在省市职转工作简报、《营商环境简报》《陕西经济研究》刊发推广，并被省政府主要领导批示肯定。岚皋县探索推出"四抓四促"工作经验，将319项常见高频事项实行环节整合、流程优化，集成为"一件事一次办"，审批质量和效率大幅提升。紫阳县扎实推进政务服务信息化建设，积极打造"紫阳数字政务平台"，配置"紫阳县政务公开智慧终端"，实时采集全县政务公开和政务服务数据，力争数据多跑路、群众少跑腿。××高新区创新开发"营商综合服务平台"，嵌入省市政务服务系统，实现营商综合系统与"i××"App和微信小程序办理各项业务单点登录，建成法人全生命周期"智能树"，企业落地运营服务事项实现"一网通办"。市住建局探索推行老旧小区改造"232"极简审批和"521"用水报装服务模式。市自然资源局联合有关部门推行"新建商品房交房即交证""不动产抵押登记进银行"等改革。市工信局就企业座谈反映的问题建立责任清单，实行销号管理。

※节选自《××市深化"放管服"改革 优化营商环境督查调研报告》

在第三部分中，作者梳理了四个方面的问题，并在对问题进行描述时给出了实际案例，展现客观性。例如，"部分县区政务大厅水电气窗口报装业务还未进驻""公安、税务等部门系统较多，且多为上级垂直管理系统，专网运行，与市级数据共享交换平台难以互联互通""企业普遍反映融资渠道单一"等。

三、存在的问题

从督查调研情况看，虽然全市深化"放管服"改革优化营商环境工作总体上取得了较好成效，但仍然存在差距和短板，经梳理归纳主要有以下几个方面。

一是协同联动合力不够。各级政府及有关部门贯彻落实改革任务过程督导、结果跟踪、责任追究的全流程管控机制尚未完全建立，工作方案原创性、差异化改革举措不多。重点任务牵头单位与配合单位协同发力不够，审管联动还未实现"无缝对接"，事中事后监管效能有待进一步提升。

二是整体工作进展不一。各级政府及有关部门深化"放管服"改革优化营商环境重点工作进展不平衡，市县两级工程建设项目审批事项划转不一致，部分县区政务大厅水电气窗口报装业务还未进驻，各县区政务大厅"办不成事"反映窗口作用发挥有待加强。

三是数据共享还有差距。部门间"数据壁垒""信息孤岛"依然存在，部分信息数据无法共享，一定程度上制约了"一网通办""跨省通办""审管联动"效能。例如，公安、税务等部门系统较多，且多为上级垂直管理系统，专网运行，与市级数据共享交换平台难以互联互通。陕西省投资项目在线审批监管平台与招投标电子平台、工程建设项目审批管理平台、政务服务平台尚未联通。

四是政策环境有待优化。企业普遍反映融资渠道单一，融资难、融资贵、融资慢，交通不够便利、物流成本高，人才引进难度大，特别是高端技术人才引不进、留不住。

※节选自《××市深化"放管服"改革 优化营商环境督查调研报告》

对于推动落实的督查式调研报告，其对策建议部分提出的对策建议必须是针对前面提出的问题的，因为提出的问题是要解决的。本篇调研报告的第四部分内容与第三部分的问题——对应，给出了解决建议与措施。作者提出的很多建议与措施较为务实，如"通过原单位在政务大厅设窗办理、委托办理、设置过渡期等方式，妥善解决相对集中行政许可事项划转后的有关问题""加快市级数据共享交换平台功能升级，对接中（央）、省已开放的数据接口和全省一体化政务服务平台，进一步打通数据壁垒，打破'信息孤岛'，形成跨层级、跨部门、跨区域的数据交换体系，实现数据互通共享""继续完善'帮办代办'机制"等，具有明确的指导性。

四、对策建议

（一）搞好统筹协调，加强协同联动。按照一体化推进深化"放管服"改革优化营商环境工作要求，进一步强化市县职转、营商、审改"三办"协同联动机制，在下达工作计划、推进任务落实、督查考核等方面实现"三办"深度融合，充分发挥职能作用。各级政府进一步加强对深化"放管服"改革优化营商环境工作的统筹协调力度，及时研究解决工作推进中的问题。市级各有关部门按照职责分工，纵向加强对下级部门的业务指导，横向做好与同级部门的配合协作，进一步凝聚扎实推进改革的强大合力。

（二）持续深化改革，抓实重点任务。加强部门间会商研判，通过原单位在政务大厅设窗办理、委托办理、设置过渡期等方式，妥善解决相对集中行政许可事项划转后的有关问题。进一步完善审管联动工作机制，严格落实《加强审管联动提升事中事后监管效能实施方案》，理清审批与监管部门职责权限，推动审批、监管流程闭环管理，进一步提升相对集中行政许可权改革整体成效。严格落实市级"证照分离"改革工作方案，全面实现"证照分离"改革全覆盖。

（三）加速数据融通，破解关键问题。加快市级数据共享交换平台功能升级，对接中（央）、省已开放的数据接口和全省一体化政务服务平台，进一步打通数据壁垒，打破

"信息孤岛",形成跨层级、跨部门、跨区域的数据交换体系,实现数据互通共享。积极协调推进政务服务标准化建设和数据信息跨省共享互认,推动更多高频政务服务事项"跨省通办""省内通办""市内通办"。加快建设"政企通"服务平台,积极打通政企信息沟通渠道,精准推送各类惠企政策信息,不断提升市场主体获得感。

(四)优化政策服务,为企业排忧解难。加大涉企有关政策宣传力度,研究解决企业合理诉求。针对融资难贵慢、物流成本高、人才引不进且留不住等问题,坚持问题导向,研究对策举措,努力推动问题破解。进一步树立"人人都是营商环境,事事都是营商环境"的观念,组织各有关单位深入企业调研走访,了解企业困难,倾听企业诉求,帮助排忧解难。继续完善"帮办代办"机制,深入企业主动对接、靠前服务,充分发挥作用。深度总结提炼××深化"放管服"改革优化营商环境好做法、好经验,不断提升××营商环境影响力和知名度。

※节选自《××市深化"放管服"改革 优化营商环境督查调研报告》

总体来看,这篇督查式调研报告务实、客观,没有特别"高大上"的词汇与句子,其结构、内容十分标准化,读者可以借鉴。